FRANCOSCOPE

FRENCH FOR
GCSE AND
STANDARD GRADE

THE
LANGUAGE
CENTRE

Oxford University Press

David Sprake

Oxford University Press, Walton Street, Oxford OX2 6DP

Oxford New York Toronto
Delhi Bombay Calcutta Madras Karachi
Kuala Lumpur Singapore Hong Kong Tokyo
Nairobi Dar es Salaam Cape Town
Melbourne Auckland Madrid

and associated companies in
Berlin Ibadan

Oxford is a trade mark of Oxford University Press

© David Sprake 1987

First published 1987
Reprinted 1988, 1989, 1990, 1991, 1993, 1994

ISBN 0 19 912081 1

Acknowledgements

The publishers would like to thank the following for permission to reproduce
photographs:

Air France p.149 (right); Auberge de Jeunesse de Châtenay-Malabry p.84; BBC
Hulton Picture Library p.132 (top left); John Brennan p.30; Camera Press p.132
(top middle); Mairie de Clermont Ferrand p.122; French Railways p.94; Adrian
Hemming/Richard Layzell p.7, p.26 (left and right), p.34, p.70 (top), p.72, p.112,
p.118 (bottom right), p.149 (left), p.154 (left); Rob Judges p.154 (right); Kobal
Collection p.132 (top right); Rex Features p.132 (bottom left, bottom middle,
bottom right); Reportages J. and M. Ribière p.136; Barrie Smith p.142 (left and
right); David Sprake p.41, p.44 (right), p.88 (middle), p.114 (bottom); Catherine
Sprent p.32 (bottom middle and right), p.44 (left and middle), p.96 (top and
middle right), p.104 (top left and bottom right), p.160; Sally Stradling p.9 (left),
p.11 (left), p.14 (top left, bottom left and middle), p.114 (left), p.158 (bottom);
Topham Picture Library p.165 (left and right), p.88 (top), p.114 (right); Charlotte Ward-Perkins p.11
(right), p.88 (top), p.114 (right); Hilary Wright p.138 (left).
The cover photograph is by Tom King, The Image Bank.
All other photographs are by Keith Gibson.

Illustrations are by Penny Dann, Elitta Fell, Merrily Harpur, Ann Johns,
Christine Roche.

The publishers would like to thank the following for permission to reproduce
copyright material:
Editions Balland: Jacques Carelman, *Catalogue d'Objets Introuvables*; Hachette,
Editeur: *Quoi de Neuf*; *Ouest-France*; RMC Edition: *Jeux d'Eté*.

Every effort has been made to contact copyright holders of material reproduced
in this book. Any omissions will be rectified in subsequent printings if notice is
given to the publisher.

Set by Best-set Typesetter Ltd., Hong Kong

Printed in Hong Kong

Contents

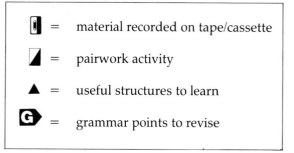

▯	=	material recorded on tape/cassette
◢	=	pairwork activity
▲	=	useful structures to learn
Ⓖ	=	grammar points to revise

1 Comment tu t'appelles?

▣ Puis-je me présenter?

Salut! Je m'appelle Nicole Roussel. Je suis Française. J'ai
quinze ans et j'habite Carnac en Bretagne.

Bonjour. Je suis Anny Lefèvre. J'ai seize ans et demi. Je
parle français mais je n'habite pas en France. Je suis Belge.
J'habite Liège en Belgique.

Moi, je m'appelle Patrick Gentilly. J'ai un nom français et je
parle français ... mais je ne suis pas Français. Je ne suis
même pas Européen! Je viens de Québec. Je suis Canadien!

What do we learn about each of these young people?

▣ Salut!

Listen to these dialogues in which three pairs
of young people have just met, then answer
these questions:

   a How old are Hermione and Christine?

   b 1 How old are Isabelle and André?
     2 Isabelle says she lives near a famous
       place. What is it?
     3 André says he lives between two well-
       known places. What are they?

   c 1 How old are Richard and Meidi?
     2 Near which large town does Richard
       live?
     3 How far away from there does Meidi live?

▲ These expressions will be useful for talking
about where you come from:

J'habite (à) Londres. Je viens de Cardiff/d'Edimbourg.		
Je suis... Je ne suis pas... Est-ce que tu es... Tu es...	Anglais(e) Ecossais(e) Gallois(e) Irlandais(e) Français(e)	(?) , n'est-ce pas?

▲ These expressions will be useful for saying hello and goodbye, and for talking about how things are going:

Salut! Bonjour. Bonsoir.	Ça va? Comment·vas-tu? Comment allez-vous?	Ça va bien, merci. Et toi? Très bien, merci. Et vous?	Au revoir! A bientôt! A tout à l'heure! A ce soir! A demain!

A la disco

Listen to this conversation and answer the following questions:

1 What is the first question the boy asks the girl?
2 What nationality is the girl?
3 How old is she?
4 How old is the boy?
5 Why is the girl in France?
6 Who has come to France with her?
7 How much longer will she be staying?
8 On what day is she leaving?

◢ Practise in pairs asking and answering the following questions about yourselves:

1 Comment t'appelles-tu?
2 Quel est ton prénom?
3 Quel est ton nom de famille?
4 Quel âge as-tu?
5 Tu es Français(e)?
6 Tu es de quelle nationalité?
7 Où habites-tu?
8 D'où viens-tu?
9 Tu parles français?
10 Comment vas-tu aujourd'hui?

Et maintenant à toi!

Imagine you have been given the name of a French pen-friend. Write your first letter to him/her, giving basic details about yourself. Write eight sentences, but remember to ask him/her some questions too.

G 5a, 21, 22a–c, 23, 41b

2 Enchanté!

Ma famille

> Je te présente
> mes parents...mon frère...
> et ma sœur.

▲ The following words and expressions will be useful when talking about your family, friends, and neighbours:

J'ai un(e)/deux, *etc.* frère(s)/sœur(s).
Je n'ai pas de frères/sœurs.
Je n'ai ni frères ni sœurs.
Je suis fils/fille unique.

le père	le cousin
la mère	la cousine
les parents	la tante
le frère	l'oncle
la sœur	le voisin
le grand-père	la voisine
la grand-mère	le copain
les grands-parents	la copine

Mes frères et soeurs

Listen to these five young people speaking about their brothers and sisters. Copy out the grid opposite, put their names in the first column, and then give the rest of the information asked for.

	Nombre de frères	Leurs âges	Nombre de sœurs	Leurs âges
1				
2				

▲ The following expressions will be useful for talking about photographs or slides:

Me voici Voici mon/ma/mes...... Ça, c'est mon/ma...... Ce sont mes......	avec des copains. au bord de la mer. à Blackpool. en Espagne, *etc.*	Qui c'est? C'est ton/ta......? Ce sont tes......? Où es-tu/êtes-vous?

Photos de famille

Suggest what the people indicated would say about the photographs opposite.

Bring in some of your family photographs and/or slides. Discuss the slides with the rest of the class, or the photographs in pairs.

Qu'est-ce qu'ils font dans la vie?

Mon père est routier.

Ma mère est vendeuse.

🎧 Mes parents

Listen to these five French youngsters talking about their parents' jobs. Copy out this grid and jot down the information asked for.

	Emploi du père	Emploi de la mère
1		
2		

Les emplois

Choose the correct jobs from those given to fit the following descriptions:

médecin	à la retraite	au chômage
étudiante	mécanicien	fermier
ménagère	vendeur	

1 Mon cousin travaille dans un garage où il répare les voitures. Il est. . .
2 Ma cousine travaille dans un grand hôpital à Paris. Elle est. . .
3 Ma sœur va toujours au lycée. Elle est. . .
4 Mon frère aîné n'a pas d'emploi en ce moment. Il est. . .
5 Mon père travaille en plein air. Il élève des animaux. Il est. . .

6 Ma mère est très occupée à la maison. Elle ne travaille pas en dehors de la maison. Elle est. . .
7 Mon copain travaille en ville dans un magasin. Il est. . .
8 Ma tante a soixante-deux ans. Elle ne travaille plus. Elle est. . .

◤ Practise in pairs asking and answering the following questions about your family:

1 Est-ce que tu es fils/fille unique?
2 Combien de frères ou de sœurs as-tu?
3 Comment s'appellent-ils?
4 Est-ce qu'ils sont plus âgés ou moins âgés que toi?

5 Quel âge ont-ils?
6 Est-ce qu'ils travaillent ou vont-ils toujours à l'école?
7 Que font tes parents dans la vie?
8 Où est-ce qu'ils travaillent?

Et maintenant à toi!

Write a second letter to your pen-friend, talking about your family and friends. Don't forget to ask some questions too!

G 4a, 7, 8, 12a, 13

3 Où j'habite

Dans quel pays?

en Ecosse

en Ulster/
Irlande du
Nord

en
Irlande

au Pays
de
Galles

en
Angleterre

le nord

l'ouest   l'est

le sud

en
France

▲ The following expressions will be useful for
explaining which part of a country people
live in:

J'habite	dans	le nord	de la France
Il/Elle habite		le sud	de l'Angleterre, *etc.*
Ils/Elles habitent		l'est	**du** pays de Galles
		l'ouest	
		le nord-est, *etc.*	
		le centre	

Où en France?

Look at a map of France and complete the following
sentences by saying which part of France the towns are in:
  e.g. Boulogne est **dans le nord de la France**.

1 Boulogne est...   **4** Biarritz se trouve...   **7** Bourges est situé...
2 Quimper est...   **5** Perpignan se trouve...   **8** Strasbourg est situé...
3 La Rochelle est...   **6** Nice se trouve...   **9** Bordeaux est situé...

Parents...amis...correspondants

Make up eight sentences in which you say
where relatives, friends, and correspondents
(real and/or imaginary) live, e.g.:

> J'ai un correspondant français qui
> s'appelle Richard. Il a seize ans et il
> habite dans l'ouest de la France
> à 30 kilomètres de Bordeaux.

Talking about where you live

Comment ça s'écrit?

Listen to the French alphabet, then to these five people telling you where they live. The towns/villages are not well known. Write down the names as they are spelt out to you.

Practise the French alphabet in pairs by spelling out English proper names to one another (football teams, celebrities' names. etc.) and identifying them from the spelling.

A chacun son goût!

J'habite en ville. J'aime ça! Il y a beaucoup de magasins dans le coin. J'ai beaucoup de copains. Il y a toujours plein de choses à faire. Pour se déplacer il y a toujours plein d'autobus!

J'habite à la campagne. J'adore ça! C'est très tranquille ici. Il y a beaucoup de bois et de champs où on peut se promener. On a un grand jardin et on peut avoir toutes sortes d'animaux... des chats, des chiens, des lapins...

Moi aussi j'habite en ville. Je n'aime pas ça! Je n'aime pas le bruit. Il y a trop de circulation. C'est sale, la ville! J'aimerais avoir un chien mais cela n'est pas permis dans l'immeuble où j'habite!

J'habite à la campagne aussi, moi. Je déteste ça! C'est vraiment casse-pieds! Je n'ai pas assez de copains. Il n'y a rien à faire ici. La prochaine ville est à 30 kilomètres d'ici et il y a peu d'autobus.

a Give the gist of the reasons why these people like or dislike living where they do.
b Can you add any further reasons in French for or against living in the country or the town?

Practise in pairs asking and answering the following questions about yourselves:

1 Dans quel pays est-ce que tu habites?
2 Dans quelle région du pays?
3 Tu habites en ville ou à la campagne?
4 Tu aimes vivre là?
5 Pourquoi?
6 Est-ce que tu as des parents ou des amis qui habitent à l'étranger?
7 Dans quel pays est-ce qu'ils habitent?
8 Où exactement?

Et maintenant à toi!

Answer this letter extract:

> Merci pour ta carte. Tu me dis où tu habites, mais je n'ai jamais entendu parler de ça. Où est-ce que ça se trouve exactement? C'est un village ou une ville? Où est-ce que ça se trouve en banlieue? Tu aimes habiter là?

 1b, 20

11

4 Chez nous

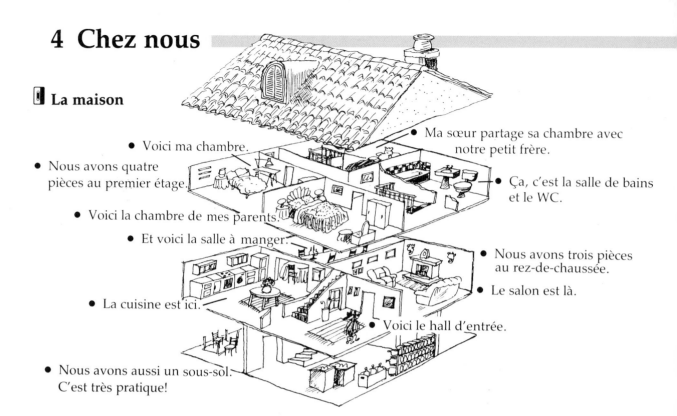

La maison

- Voici ma chambre.
- Nous avons quatre pièces au premier étage.
- Voici la chambre de mes parents.
- Et voici la salle à manger.
- La cuisine est ici.
- Nous avons aussi un sous-sol. C'est très pratique!
- Ma sœur partage sa chambre avec notre petit frère.
- Ça, c'est la salle de bains et le WC.
- Nous avons trois pièces au rez-de-chaussée.
- Le salon est là.
- Voici le hall d'entrée.

▲ The following expressions will be useful for talking about your home:

Nous avons	un	grand petit	appartement.
On a	une	grande petite	maison.

Dans notre maison	nous avons...
Dans notre appartement	on a...
Au sous-sol	il y a...
Au rez-de-chaussée	
Au premier étage	
Au deuxième étage	

Qui est-ce qui parle?

Listen to these people talking about their homes. Try to identify which speaker goes with which home! Copy out and use the chart for your answers:

Personne	1	2	3	4
Image				

Une drôle de famille!

Unscramble the following sentences:

1 M. Benoît répare un vélo
  dans sa chambre.

2 Sa femme regarde la télé
  dans la salle de bains.

3 Sa fille, qui est malade, est couchée
  dans la cuisine.

4 Son fils met le couvert
  au sous-sol.

5 Grand-père fait la vaisselle
  dans la salle à manger.

6 Grand-mère prend une douche
  au salon.

Quelles différences vois-tu?

Look at these two bedrooms and discuss the differences between them. The following words and expressions will be useful:

Dans la chambre	à gauche à droite	il y a un/une/des... il n'y a pas de... il y en a (un/une/beaucoup) il n'y en a pas
le lit l'étagère la chaise bien rangé(e)	le bureau le tourne-disques la table de chevet en désordre	l'armoire les rideaux la moquette la commode	au mur sur le plancher par terre le tiroir

a Discuss in French the people whose bedrooms these are.

b Describe the usual state of your own room (D'habitude ma chambre est..., etc.)

Draw up similar sets of pictures based on other rooms of the house and discuss each other's pictures in pairs.

Practise in pairs asking and answering the following questions:

1 Est-ce que tu habites une maison, un appartement, ou quoi?
2 Comment est-il/elle?
3 Combien de pièces avez-vous en tout?
4 Il y en a combien au rez-de-chaussée?
5 Et au premier étage?
6 Si vous habitez un immeuble, à quel étage habitez-vous?
7 Décris ta chambre! Est-ce que tu partages ta chambre avec quelqu'un?

Et maintenant à toi!

Write a short letter to a French pen-friend in which you give him/her details about your house/flat. Don't forget to ask him/her some questions too!

G 9, 11

5 Qu'y a-t-il dans le coin?

C'est pratique, ça!

J'habite tout près de la gare.

Il y a un centre commercial à cinq minutes à pied.

J'ai de la chance d'habiter ici, n'est-ce pas? C'est pratique!

Il y a un cinéma à un kilomètre de chez moi.

Il y a un arrêt d'autobus à 200 mètres de la maison.

Mais j'habite très loin de mon collège . . . Heureusement!

▲ The following expressions will be useful when talking about the neighbourhood in which you live:

Est-ce qu'il y a un/une/des......près de chez toi?

Il y a un/une/des......	à côté	de	notre maison/appartement.
Il y en a (un/une)	(tout) près		chez moi/nous.
Le/La/L'......est	(assez/très) loin		
Les......sont	à 200 mètres		
	à 1 kilomètre		

J'habite à cinq minutes   du/de la/de la/des......
  (à pied/en voiture/en autobus)   d'une(e)......

un magasin	un centre sportif	un cinéma
un supermarché	une piscine	un arrêt d'autobus
une patinoire	la gare	un bureau de poste
un théâtre	la gare routière	une banque

Talking about your neighbourhood

C'est pratique!...C'est embêtant!

Suggest what this person is saying about the places below:

e.g.

> Près de chez nous <u>il y a une gare</u>. C'est pratique, n'est-ce pas? <u>Il n'y a pas de cinéma</u> près de chez nous. C'est vraiment embêtant!

Veinard!

a Listen to these five young people talking about certain places to be found in their neighbourhood. Copy out the grid below and jot down the information asked for:

Name	
Place	
Distance from his/her home	
Further details	

b Here are four more teenagers talking about their neighbourhood. Number the speakers 1–4 and jot down as much information as you can.

In pairs, ask one another about buildings and places near one another's homes. Your dialogue should progress as follows:

A asks whether there is a certain building/place near **B**'s home (Y a-t-il un/une/des …… près de chez toi/vous?)
B answers and, if the answer is yes, says how far away the building/place is.
B then asks **A** a similar question, and so on.

Et maintenant à toi!

Reply to this letter extract, giving as much detail as you can.

> Pour moi.
> Comment est le quartier que tu habites? Tu habites à quelle distance de ton collège? Tu prends l'autobus ou tu y vas à pied? Qu'est-ce qu'il y a dans le coin pour vous les jeunes?
> Écris-moi bientôt. Corinne

G 3, 5a

6 Les copains

▮ Salut les copains!

Moi, j'ai beaucoup de copains et de copines. On se voit au collège, on se réunit au foyer des jeunes, on sort ensemble le soir et le weekend; on sort au cinéma, on va à des discos et à des boums. On fait des promenades en mobylette. On s'amuse comme des fous!

Moi aussi j'ai des copains et des copines au collège, mais je ne sors plus avec eux le soir et le weekend. Je sors avec mon petit ami, Alain. Il a les yeux bleus et les cheveux blonds... Il est extra!

Et toi? Que fais-tu avec tes copains?

▲ Comment sont-ils?

The following expressions will be useful for describing people:

> Il/Elle mesure (environ/à peu près) 1,80.
>
> Il/Elle est (assez/très) grand(e)/gros(se)/petit(e), *etc.*
>
> Il/Elle a | les cheveux | bruns/blonds/noirs/longs/courts/frisés/bouclés.
> | les yeux | bleus/marron/gris/verts/noirs.
>
> Il est chauve.
> Il/Elle porte des lunettes.

Comment ont-ils l'air?

gentil   sympathique   drôle

timide   bête

intelligent   égoïste

désagréable   snob

antipathique

méchant   agréable

bizarre   casse-pieds

ennuyeux   affreux

mignon   chouette   aimable

Il a l'air...

Elle a l'air...

De bonnes qualités... de mauvaises qualités

Copy out this chart, and then divide the above adjectives into good, neutral, and bad qualities.

+	?	–

Qui est-ce qui parle?

Listen to these four people describing
themselves and see whether you can identify
the speakers from the photographs below.
Copy out the following chart and add the
number of the correct photograph when you
have identified the person:

Nom	Photo numéro..?

| 1 | 2 | 3 | 4 | 5 | 6 |

Quelqu'un que je connais

Listen to these six French people describing
someone they know. Number the speakers
1–6 and in ecah case, jot down: **a** who the
person is, **b** what details are given about
him/her.

Prepare individually descriptions of people
known to the whole class. Working in pairs,
try to guess from each description who the
person is. Then change partners and repeat.

Et maintenant à toi!

a Answer the following letter extract:

> ta lettre.
> Comment es-tu? De quelle couleur sont tes yeux
> et tes cheveux? Tu as les cheveux longs ou courts?
> Tu portes des lunettes? Combien tu mesures?
> Tu as beaucoup de copains et de copines?
> Comment s'appellent-ils? Fais-en une description.

b Write to your pen-friend, describing your favourite pop-
star or sports personality, or both.

G 8b, 25

Révision A

Quel désordre!

Unscramble the following dialogue:

— Comment t'appelles-tu?
— Très. . .J'aime beaucoup habiter là!
— Quel âge as-tu?
— Oui, c'est ça.
— Tu es Français?
— Dans le Midi.

— Tu habites où?
— Dix-sept ans et demi.
— Que veut dire 'le Midi'? Je ne connais pas ce mot.
— Henri Lecostaud.
— Ah bon. C'est joli là-bas?
— Le Midi, c'est le sud de la France.

Quiz

Identify the boys from this description:

Roger est plus petit que Fabrice mais plus grand que Simon et Daniel. Daniel est plus grand que Simon. Fabrice est le plus grand de tous.

Sylvie 14 ans   Mireille 17 ans

Valérie 16 ans   Gaëlle 18 ans

Identify the girls W, X, Y, and Z from this description:

X est moins âgée que Y et Z mais elle est plus âgée que W. Z est plus jeune que Y. W est la plus jeune de toutes.

Vous êtes un bon détective?

Regardez bien ces deux photos du même jeune homme. Une des photo a été prise deux jours après l'autre. Essayez de découvrir laquelle. Puis, complétez cette phrase:
Je crois que la photo _____ a été prise après la photo _____ parce que. . .

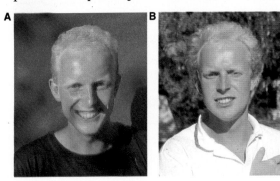

Qu'est-ce qu'ils disent?

This young couple have just met on a cross-Channel ferry. Talk about the photograph and suggest some of the things that they could be saying to one another:

L'ÎLE DÉSERTE TEST

Imaginez.... Vous voyagez sur un grand bateau pour aller dans un pays chaud. La mer est bonne. Quelle belle journée! Puis le ciel devient tout gris… C'est la tempête. Vous ne voyez plus rien. Le bateau se jette sur les rochers. Il coule. Vous, vous n'avez pas peur: il y a des barques de sauvetage. Vous prenez une barque: là-bas, il y a une ile. Mais avant de quitter le bateau, vous prenez vos affaires. Oh! Impossible de tout emporter… A vous de bien choisir, très vite, les sept choses utiles! Expliquez votre choix (en français, bien entendu!)

1
a Un morceau de pain
b Du café
c Une bouteille d'eau

2
a Un maillot de bain
b Un pull-over bien chaud
c Un deuxième pantalon

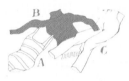

3
a Votre radio
b Votre appareil de photo
c La boîte de médicaments

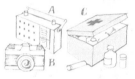

4
a Un peu d'argent
b Des timbres
c Des feuilles de papier

5
a Vos lunettes de soleil
b Un peigne
c Votre brosse à dents

6
a Un miroir
b Du savon
c Un bon livre

7
a Un stylo
b Des outils
c Du fil de fer

Courrier

Que dois-je faire?

Aidez-moi!

Que me conseillez-vous?

Qu'en pensez-vous?

Read the following letters written by French youngsters to a teenage magazine, *OK!*
In each case, give the gist of **a** what their problems are and **b** what advice they are given. Then comment, in French, on what sort of people you think they, and the people mentioned in their letters, are. You could also say what you think of the advice given! Do you agree with it? What advice would *you* give?

Laure X., « ILS ME SNOBENT PARCE QUE JE NE FUME PAS »

J'ai quinze ans et je suis en seconde dans un nouveau lycée. Il faut donc que je me fasse de nouveaux amis. Un groupe me paraît plus particulièrement sympa mais les garçons et les filles me snobent parce que... je ne fume pas. J'ai pourtant d'autres « qualités » : sans me vanter, je suis plutôt mignonne, gaie et je ne manque pas d'humour. Et d'habitude, je n'ai pas de difficulté à me faire des amis. Alors, que dois-je faire ? Laisser tomber cette bande (et m'ennuyer) ou bien fumer moi aussi bien que je sois absolument contre ? Merci de me conseiller.

La réponse de OK !

A notre avis, tu ferais mieux de laisser tomber la bande des fumeurs. Ils ne sont, d'ailleurs, pas si sympa que ça s'ils ne donnent leur amitié qu'à ceux qui partagent leur passion (funeste) pour les cigarettes (quelles qu'elles soient...) Et tu ne vas tout de même pas aller contre tes idées, et voire même te rendre malade, juste pour qu'ils t'acceptent parmi eux... Dans le nouveau lycée où tu es, il y a sûrement d'autres jeunes qui ne demandent sans doute pas mieux de faire ta connaissance... Regarde bien autour de toi...

Nelly et Marie, Sceaux : « NOTRE FRERE A TOUS LES DROITS. NOUS, AUCUN ! »

Nous sommes deux sœurs de quatorze et seize ans. Notre problème : nous n'avons pas le droit de sortir, de fréquenter des garçons, etc., alors que notre frère de dix-sept ans, lui, sort (même le soir) depuis longtemps. Sa petite amie vient même à la maison alors que nous avons du mal à recevoir nos propres copines... Nous trouvons cela injuste. Quand nous en parlons à notre mère, elle nous répond que les filles courent plus de dangers que les garçons, qu'elle est responsable de nous, que nous n'avons qu'à nous amuser et rire toutes les deux, etc. Nous en avons marre. Mais que faire ? Conseillez-nous SVP !

La réponse de OK !

C'est, hélas, vieux comme le monde que les filles soient considérées comme plus fragiles, plus exposées que les garçons ! Et pas toujours à tort, il est vrai. Il suffit de parcourir les rubriques de faits divers pour s'en rendre compte, de lire les statistiques concernant le viol aussi... Mais la peur, comme on dit, n'évite pas le danger. Des parents ne peuvent tout de même pas mettre leurs filles sous cloche sous prétexte de les protéger. Alors, nous comprenons que vous trouviez injuste d'être traitées si différemment de votre frère mais peut-être que si celui-ci devenait votre complice, vous auriez plus de liberté. Il pourrait, en effet, de temps en temps, sortir ses petites sœurs. Pourquoi ne pas lui en parler ? Nous vous souhaitons que ça marche !

« c'est injuste de ne pas être traitées comme lui ».

Petites Annonces

Read the following property advertisements from French newspapers. Find out what each one has to offer. Then explain in French which ones you like the sound of, why, and the sort of people/families they would be suitable for:

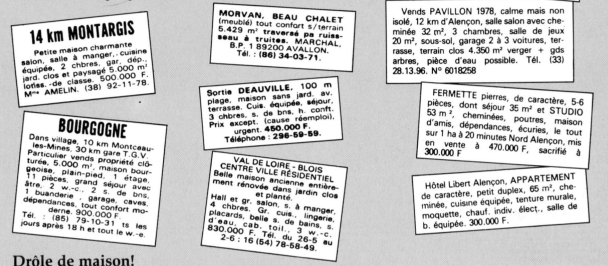

A vendre, Le Mêle-sur-Sarthe, PAVILLON récent, 3 chambres, salle et salon 32 m², cheminée, cuisine équipée, 2 salles d'eau, terrasse à ardoises, garage, chauffage fuel, terrain 610 m² paysagé et clôture. 400.000 F à débattre. Reprise possible crédit foncier 83.000 F à 5 %. Tél. (33) 27.63.76. N° 6018146

Vends **PAVILLON 1978**, calme mais non isolé, 12 km d'Alençon, salle salon avec cheminée 32 m², 3 chambres, salle de jeux 20 m², sous-sol, garage 2 à 3 voitures, terrasse, terrain clos 4.350 m² verger + gds arbres, pièce d'eau possible. Tél. (33) 28.13.96. N° 6018258

FERMETTE pierres, de caractère, 5-6 pièces, dont séjour 35 m² et **STUDIO** 53 m², cheminées, poutres, maison d'amis, dépendances, écuries, le tout sur 1 ha à 20 minutes Nord Alençon, mis en vente à 470.000 F, sacrifié à 300.000 F

14 km MONTARGIS Petite maison charmante salon, salle à manger, cuisine équipée, 2 chbres, gar, dép., jard. clos et paysagé 5.000 m² lotiss. -de classe. 500.000 F. Mme AMELIN. (38) 92-11-78.

MORVAN, BEAU CHALET (meublé) tout confort s/terrain 5.429 m² traversé pa ruisseau à truites. MARCHAL, B.P. 1 89200 AVALLON. Tél. : (86) 34-03-71.

BOURGOGNE Dans village, 10 km Montceau-les-Mines, 30 km gare T.G.V. Particulier vends propriété clôturée, 5.000 m², maison bourgeoise, plain-pied, 1 étage, 11 pièces, grand séjour avec âtre, 2 w.c., 2 s. de bns, 1 buanderie , garage, caves, dépendances, tout confort moderne. 900.000 F. Tél. (85) 79-10-31 ts les jours après 18 h et tout le w.-e.

Sortie DEAUVILLE, 100 m plage, maison sans jard. av. terrasse. Cuis. équipée, séjour, 3 chbres, s. de bns, h. conft. Prix except. (cause réemploi), urgent. 450.000 F. Téléphone : 296-59-59.

VAL DE LOIRE - BLOIS CENTRE VILLE RÉSIDENTIEL Belle maison ancienne entièrement rénovée dans jardin clos et planté. Hall et gr. salon, s. à manger, 4 chbres. Gr. cuis., lingerie, placards, belle s. de bains, s. d'eau, cab. toil., 3 w.-c. 830.000 F. Tél. du 26-5 au 2-6 : 16 (54) 78-58-49.

Hôtel Libert Alençon, APPARTEMENT de caractère, petit duplex, 65 m², cheminée, cuisine équipée, tenture murale, moquette, chauf. indiv. élect., salle de b. équipée. 300.000 F.

Drôle de maison!

Des maisons boules au pays des moulins

Les maisons cubes sont dépassées. Voici les maisons boules. Un premier village a été construit à Den Bosh (Pays-Bas) et depuis les commandes ne cessent d'affluer. Conçues par le sculpteur et graphiste Dries Kreijkamp, ces habitations sont d'un coût relativement modeste (environ 250.000 F) et, grâce à une parfaite isolation en fibre de verre, le coût du chauffage est minime (60 F par mois).

L'acquéreur d'une maison boule est cependant confronté à quelques problèmes pratiques : tables, banquettes, commodes et armoires nécessitent une petite transformation pour coller aux parois. Sans parler des tableaux et des miroirs...

Pour le moment, les maisons boules sont prévues pour abriter deux personnes, mais l'architecte étudie un agrandissement éventuel permettant de loger une famille nombreuse. Reste à savoir si c'est vraiment souhaitable...

1 Where were these houses built?
2 Why are 250,000F and 60F mentioned?
3 What problems for home owners are mentioned?
4 What is the architect of these houses now planning?

Ma maison idéale

Describe your ideal home in French, saying:
1 where it is situated
2 what rooms it contains
3 what furniture/fittings it has
4 what the gardens/surroundings are like
5 what facilities it offers you.

7 Bienvenue!

L'arrivée

— Bonjour, Alan. Tu as fait bon voyage?
— Oui, merci... très.
— Tu es fatigué?
— Oui, un peu.
— Donne-moi ta valise. Viens! La voiture est juste devant la gare.

— Voici le salon. Entre, je t'en prie. Assieds-toi et repose-toi un peu!
— Tu as soif? Tu veux une tasse de thé, ou tu préférerais une tasse de café?
— Je préférerais du café, s'il vous plaît.
— Et quelque chose à manger?
— Oui, je veux bien... J'ai très faim.

— Voici ta chambre, Alan.
— Oh... c'est très joli!
— Si tu veux prendre une douche, la salle de bains est à côté, et il y a une serviette et du savon sur ton lit.
— Merci. Mais d'abord je vais défaire ma valise... J'ai des cadeaux pour vous.

▲ These expressions will be useful for offering things, asking whether someone wants to do something, and for accepting or politely refusing:

Est-ce que tu veux...	(+ infinitive)? (+ object)?	Oui, je veux bien. Non, merci.
Ou est-ce que tu	préfères... (+ infinitive) préférerais... (+ object)	Pas maintenant. / tout de suite. Plus tard peut-être. Je préfère... (+ inf.) / préférerais... (+ obj.)

Qu'est-ce que tu veux faire?

Find matching pairs of questions and answers:

Tu as faim?
Tu as soif?
Tu es fatigué(e)?
Tu as fait bon voyage?
Tu veux prendre un bain?
Tu veux défaire ta valise?

Oui, j'ai des cadeaux pour vous.
Non, j'ai mangé sur le bateau.
Oui, la mer était très calme.
Oui, et puis je vais me changer.
Oui, j'aimerais bien me reposer un peu.
Oui, il fait très chaud aujourd'hui.

🔊 Qu'est-ce qu'ils disent?

a Imagine that you have just arrived at the home of a French family, les Rambert. Listen to the following remarks made to you by different people in the family and answer these questions about what you hear:

1 What are you being offered?
2 When are you going to eat?
3 What suggestion is being made and why?
4 What are your sleeping arrangements?
5 Where is your bedroom?
6 What does this person hope?
7 What can you do before the meal if you want to?
8 Who isn't there at the moment? Why? When will he/she be back?

b Listen to each remark again, and work out a suitable reaction to each one (in some cases, just a word or two would be enough).

a In pairs, practise playing the roles of the host/guest, offering and accepting/politely refusing the following:

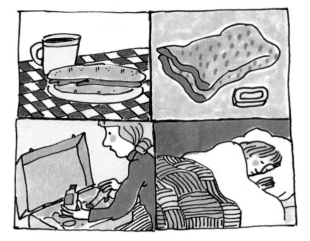

b Now give your partner a choice, using 'Tu veux...ou tu préfères/préférerais...?' He/She will choose by saying, 'Je préfère/préférerais...'

🔊 Premières impressions

Here are six examples of French teenagers' impressions of Great Britain. Number the speakers 1–6 and then jot down **a** what they are talking about, **b** what they think of it.

Et maintenant à toi!

a Imagine that you have received this letter from your French correspondent:

> Il n'est vraiment pas nécessaire de nous apporter des cadeaux, mais si tu insistes, que ce soit quelque chose de <u>pas cher</u>! Pour mes petites soeurs un paquet de bonbons ou du chocolat suffirait largement. Pour ce qui est de mes parents, un livre de cuisine régional britannique peut-être? Ils aiment, tous les deux, cuisiner et ça les intéresserait je crois. Puis, pour moi, un disque (un des tubes les plus récents). Tu sais le genre de musique que j'aime.

1 What is your correspondent's attitude to your buying them presents?
2 How many are there in his/her family?
3 What presents does he/she suggest and for whom?
4 What do you incidentally learn about his/her parents?
5 What are you supposed to know about him/her which will help with his/her present?
b Prepare a similar letter extract in French in which you suggest to your correspondent presents for all the members of your family. (You need not be over-serious in your suggestions!)

23

G 19, 24, 36b, 42a

8 A table!

Chez la famille Bouffetout

Au petit déjeuner

Passe-moi le lait, s'il te plaît.

Voilà

Au déjeuner

Vous voulez encore des frites, les enfants?

Moi, je veux bien.

Merci... pas pour moi.

Au goûter

J'ai tellement faim!

Moi aussi!

Au dîner

Bon appétit!

C'est vraiment délicieux!

Décrivez et discutez ces images en français!

Et chez vous?
Quels repas prenez-vous?
A quelles heures mangez-vous?
Vous mangez toujours ensemble?
Qu'est-ce que vous mangez à chaque repas?

▲ These expressions will be useful for talking about food:

Tu veux (encore) du/de la/de l'/des...?	Oui, je veux bien. Non, merci. Voilà.
Veux-tu me passer...? Passe-moi...!	

Tu aimes...?	Oui,	j'aime bien ça. j'adore ça.
	Non,	je n'aime pas ça. je déteste ça.
	Je ne sais pas; je n'ai jamais	mangé / goûté / ça.

Qu'est-ce que tu aimes manger?

Listen to this French girl talking about what
food and drink she likes/dislikes. Imagine
she's coming over to stay with you soon. Jot
down the gist of what she's saying so that
you can pass on the details to your parents.

In pairs, discuss your likes and dislikes with
regard to food and drink. Here are a few
ideas to start you off:

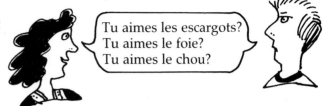

Tu aimes les escargots?
Tu aimes le foie?
Tu aimes le chou?

J'aime... Je n'aime pas...

Listen to these six French teenagers talking about British
food. Number the speakers 1–6 and jot down **a** what each
one likes, **b** what he/she dislikes.

On va mettre/débarrasser la table

All of the objects opposite are illustrated. Can you identify
them by saying their number in French?

une tasse	une cuiller
la nappe	une fourchette
le sel	une soucoupe
un verre	un bol
un couteau	un pot
le sucre	une assiette
le poivre	une cafetière

Et maintenant à toi!

Imagine that you have received a letter from your French
correspondent containing the following extract. Write a
suitable answer.

> pour les vacances.
> Est-ce que vous avez une cantine au collège? Qu'est-ce
> qu'on vous y offre à manger et à boire? C'est cher? Tu y
> manges, toi? Chez nous il faut acheter des tickets de
> cantine. Ça coûte 13 francs par jour. On a droit à un
> hors d'œuvre, une entrée, un dessert, une boisson.
> Dans ta prochaine lettre dis-nous ce que tu aimes manger.
> Mes parents aimeraient surtout savoir s'il y a certains plats
> que tu ne supportes pas. Ils se font des soucis car ils ne savent pas

G 16a,b, 26, 43e, 44d

9 Au secours!

Un coup de main

▲ Here are some expressions which will help you to offer and get help:

Je peux	t' vous	aider?		Tu veux Vous voulez	m'aider?
Je peux	emprunter prendre	ton/ta/tes...? votre/vos...?		Oui, si	tu veux. vous voulez.
Veux-tu Voulez vous	me prêter	ton/ta/tes...? votre/vos...?		Non, j'en ai besoin moi-même.	
Tu as Vous avez	...?			Oui, bien sûr. Non,	je n'en ai plus. il n'y en a plus.

▲ Here are some things that you might need to ask for while you are in France:

26

Qu'est-ce que tu veux?

Copy this grid into your exercise book.
Listen carefully to the five short dialogues
and jot down in the grid in English **what** each
of the speakers wants, **why** he/she wants it,
and **where** he/she is told he/she can find the
objects in question.

What?	Why?	Where?

Can you help me?

Choose suitable items to complete the following sentences:
1 J'ai perdu un bouton. Tu as...?
2 Je suis très enrhumé(e). Y a-t-il...?
3 Je voudrais prendre un bain. Vous avez...?
4 Je me suis coupé la main. Y a-t-il...?
5 Je dois emballer ce cadeau. Tu as...?

Je peux emprunter...?

a Alan is staying in France. Unfortunately
his case was mislaid in the course of his
journey. He is trying to sort out what he
can borrow from his correspondent until it
turns up. Listen to the dialogue and find
out which of the following items he
eventually borrows:

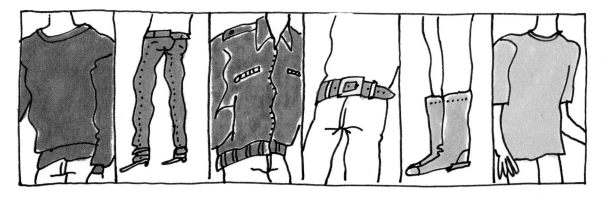

b Using suitable expressions from those
given opposite, ask a French friend (or his/
her mother or father) for the following
things:
1 a pencil
2 a dictionary
3 the newspaper
4 a knife
5 some toilet paper

a In pairs, attempt to borrow items from one
another. Your dialogues should develop as
follows:
A asks whether **B** has a certain item and
whether he/she may borrow it.
B answers.
b Imagine that the request is being made by
phone. Arrange a time to pick up the item
in question.

27

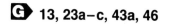 **13, 23a–c, 43a, 46**

10 Qu'est-ce qu'on va faire?

On va sortir?

> Dis, Yves, tu veux venir au cinéma ce soir? Il y a un très bon film au 'Rex'.

> Non, je ne peux pas. Je dois finir mes devoirs pour demain!

— Tu veux venir à la disco demain soir?

— Où ça?

— A la salle polyvalente.

— Oui, je veux bien. Ça commence à quelle heure?

— A 20 heures.

▲ The following expressions will be helpful for asking whether someone wants to do something and for replying:

Est-ce que tu	veux voudrais aimerais as envie de/d'	+ *infinitive*?

Oui, je veux bien! Bien sûr!
Non, merci je ne veux pas je ne peux pas (parce que...)

These will help you say what you'd like/prefer to do:

Je	veux/voudrais ne veux pas	+ *infinitive*
J'aimerais		
J'ai envie de/d'		
Je n'ai pas envie de/d'		
Je préférerais (ne pas)		

In pairs, take turns at playing the roles of host and guest, suggesting things to do and reacting to these suggestions. Here are some activities you might like to use:

sortir	faire une promenade à vélo	aller aux magasins/ faire du shopping
regarder la télé	aller au café-restaurant	aller à la piscine
jouer au ping-pong	écouter de la musique	aller au cinéma

What do you reckon?

Listen to these conversations, in which people are discussing what they are going to do. Then answer the questions:

a 1 What does the first girl say about the party?
2 What does she suggest?
3 How does her friend react?

b 1 Where does the boy suggest he and his correspondent could go?
2 What three 'attractions' of the place are mentioned?
3 What is his partner's reaction, and why?
4 What would he rather do?

That can be arranged!

Imagine that you are going to stay with some French friends in Paris in the near future. Reply to this letter extract, giving them an idea of what you'd like to do during your stay:

Qu'est-ce que tu voudrais faire pendant ton séjour chez nous à Paris? Qu'est-ce que tu as envie de voir et de visiter? Où aimerais-tu aller? Est-ce que tu veux accompagner Marc et Simone au collège?
Ecris-nous bientôt. Cathy Bicke

G 2, 41c, 42a, b

11 J'ai besoin d'argent!

Argent liquide

L'argent belge

L'argent français

une pièce
(de monnaie)

L'argent suisse

un billet
(de banque)

Les banques sont ouvertes ou fermées?

This information comes from the 'Guide Pratique' of the town of Clermont-Ferrand. Read it carefully and then answer the questions:

Le Crédit Agricole
2, avenue des Etats-Unis (place Gaillard) : du mardi au vendredi inclus, de 8h45 à 12h et de 13h30 à 18h15. Le samedi de 8h45 à 12h et de 13h30 à 16h30.

3, avenue de la Libération : du lundi au vendredi de 8h45 à 18h30. le samedi de 8h15 à 12h.

15, boulevard Léon Jouhaux, Montferrand ; le samedi de 9h à 12h30, lundi de 15h à 18h10. du mardi au vendredi de 9h à 12h30 et de 14h à 18h10.

Aulnat-Aéroport : lundi de 15h30 à 18h, mardi au vendredi de 9h30 à 12h30 et de 14h à 18h10. samedi de 9h30 à 12h.

La Banque Nuger
Centre Commercial Plein-Sud, route d'Issoire : du mardi au vendredi de 10h à 13h et de 14h30 à 19h30 ; samedi de 10h à 13h et de 14h à 19h

Le Crédit Mutuel
Caisse de "Jaude". 36. avenue des Etats-Unis : du mardi au samedi de 8h30 à 12h30 et de 14h à 18h.

Caisse de "Montferrand", place de la Fontaine : du mardi au vendredi de 8h30 à 12h et de 13h30 à 18h30, samedi de 8h30 à 12h et de 13h30 à 16h.

Banque Populaire
1, avenue du Puy-de-Dôme et 144, boulevard Lafayette (ouverts le samedi de 8h30 à 12h et de 12h30 à 14h. 14, place de la Résistance (ouvert samedi de 10h à 12h30 et de 14h à 17h).

Autres banques

A la gare S.N.C.F. du 1er Juin au 30 septembre, tous les jours, y compris dimanches et fêtes, de 9h à 19h.

a Which banks would you go to...

  1 on a Monday at 11 a.m.?
  2 on a Saturday at 4 p.m.?
  3 on a Sunday?
  4 on a Bank Holiday?

How would you ask a passer-by the way to each of the addresses indicated?

b Explain in French to your correspondent when banks are open in Great Britain, i.e. on which days (le lundi? le mardi? etc.); between which hours (de... heures à ... heures).

▲ These expressions will be useful for changing money and cashing traveller's cheques:

J'ai besoin d'argent.
Je dois toucher de l'argent/un chèque.
Je voudrais │ encaisser │ un │ chèque de voyage │ de......livres.   │ changer │ │ traveller chèque │
Je voudrais changer......livres en francs.

🔊 Plus cher? Moins cher?

Listen to this group of French people comparing French and British prices. Jot down **a** what they find more expensive in Britain, **b** what they find less expensive here.

🔊 A la banque

Listen to this dialogue which takes place in a bank. Then answer the questions:

1 What does the English tourist come to the bank for?
2 What does the bank clerk ask for, and what does the man give him?
3 What has the man forgotten to do?
4 Where is he then told to go?

In pairs, play the parts of **A** a bank clerk, **B** a British tourist. Using the illustrations as a guide, practise dialogues as follows:

B asks to change/cash the amounts illustrated.
A asks for identification.
B gives his/her passport.
A asks for **B**'s signature.
A says what the exchange rate (**le taux de change**) is. Calculates how much **B** is to get ('**Ça fait**...'). Tells **B** to go to the cash desk.
B thanks **A**.

G 5d, 10b, 58

12 A la poste

J'ai besoin de timbres

Si vous avez besoin de timbres, vous pouvez les acheter...

...dans certains cafés...

...peut-être même dans le magasin où vous avez acheté vos cartes postales.
Vous pouvez toujours demander!

...dans un tabac...

...dans un bureau de poste...

▲ The following expressions will be useful for buying stamps:

Je voudrais	envoyer	une lettre	en...	(+ *name of country*)
Pour		une carte (postale)	au...	
		ce colis/ce paquet	aux...	

| Ça fait | combien, s'il vous plaît? |
| C'est | |

| Je voudrais | ......timbre(s) à......francs......centimes(?) |
| Voulez-vous me donner | |

🔊 Au guichet

Listen to the following dialogues which take place in a post office. Then answer these questions:

a 1 What does the man want to know?
  2 What information does he get?
  3 How much must he pay altogether?

b 1 What does the woman want to do?
  2 What must the man behind the counter do?
  3 How much must the woman pay?

c 1 What does the man want to do?
  2 What is the problem?
  3 How does the man behind the counter help?

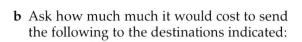

C'est combien?

a How would you ask for the following stamps?

b Ask how much much it would cost to send the following to the destinations indicated:

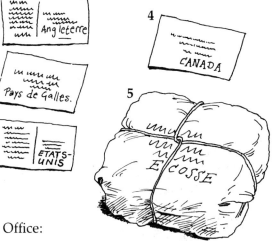

N'oubliez pas...!

Read the following advice issued by the French Post Office:

MÊME EN VACANCES...

AIDEZ VOTRE FACTEUR

POUR ÉVITER TOUT RETARD DANS LA REMISE DE VOTRE COURRIER,

DÈS VOTRE ARRIVÉE, dites à vos correspondants

- le numéro de code postal et le nom du bureau distributeur de votre lieu de vacances

ET SELON LE CAS...
- le nom de la rue et le numéro d'immeuble
- le nom de l'hôtel ou de la villa
- le nom des personnes chez qui vous séjournez
- le nom de votre camping
- le nom du lieu-dit où vous campez
- etc...

Si vous donnez une adresse POSTE RESTANTE précisez très exactement à vos correspondants le nom du bureau de poste où vous souhaitez retirer votre courrier.

ET... BONNES VACANCES!

1 For whom is the advice intended?
2 What are the measures supposed to avoid?
3 Give the gist of what is being recommended.

Practise dialogues which might take place in a post office. Use the chart opposite for the cost of the various stamps. Remember that, if a number of stamps are bought, the partner playing the PTT employee should work out the total!

LETTRES ET PAQUETS AFFRANCHIS AU TARIF DES LETTRES ORDINAIRES

	Jusqu'à...	20 g	50 g	100 g	250 g	500 g	1000 g	2000 g
RÉGIME GÉNÉRAL (sauf tarifs spéciaux ci-dessous)		3,00F	5,10F	6,90F	13,00F	24,80F	43,30F	70,50F
Tarifs spéciaux	Canada	2,10F	4,00F	5,50F	11,70F	22,20F	35,00F	54,00F
	Allemagne (Rép. Féd.) • Luxembourg	2,10F	3,70F	6,90F	13,00F	24,80F	43,30F	70,50F
	Belgique • Danemark • Pays-Bas	2,10F	5,10F	6,90F	13,00F	24,80F	43,30F	70,50F
	Italie • Saint-Marin	2,10F	3,70F	5,00F	13,00F	24,80F	43,30F	70,50F
	Autriche • Grande-Bretagne • Grèce Irlande • Liechtenstein • Suisse	2,40F	5,10F	6,90F	13,00F	24,80F	43,30F	70,50F
RÉGIME PARTICULIER		3,00F	4,40F	5,90F	12,10F	15,40F	21,50F	28,80F

G 1b, 5d, 14, 54

Révision B

🔊 Bon retour!

Listen to this dialogue in which a French girl, who is just returning home from a holiday in Great Britain, is welcomed home by her mother. Then say whether these statements are true or false:

1 Her father is at work.
2 Her brother is out.
3 She had a good journey back.
4 She managed to sleep in the train.
5 She isn't hungry.
6 She hasn't managed to get presents for any of the family.

🔊 Qui est-ce qui parle?

Look at the following pictures. In each of them there is a conversation going on. Listen to the conversations on the tape and match the number with the correct picture:

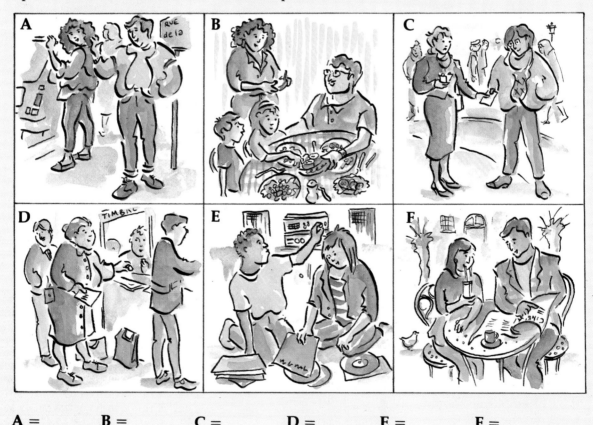

A =   **B =**   **C =**   **D =**   **E =**   **F =**

Vaisselle et ustensiles de cuisine

Dans son livre 'Catalogue d'Objets Introuvables' Carelman a inventé plein de choses bizarres et amusantes. En voici quelques examples:

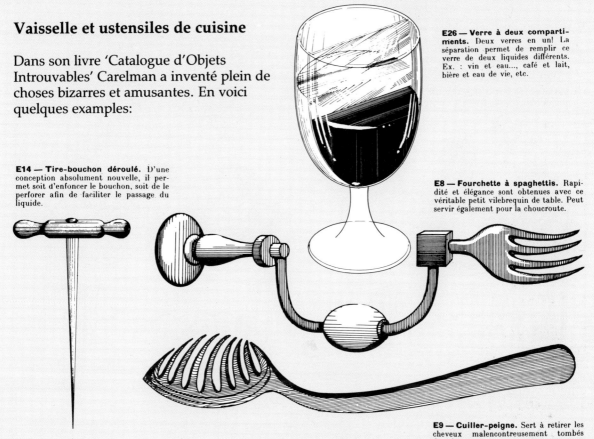

E26 — Verre à deux compartiments. Deux verres en un! La séparation permet de remplir ce verre de deux liquides différents. Ex. : vin et eau..., café et lait, bière et eau de vie, etc.

E14 — Tire-bouchon déroulé. D'une conception absolument nouvelle, il permet soit d'enfoncer le bouchon, soit de le perforer afin de faciliter le passage du liquide.

E8 — Fourchette à spaghettis. Rapidité et élégance sont obtenues avec ce véritable petit vilebrequin de table. Peut servir également pour la choucroute.

E9 — Cuiller-peigne. Sert à retirer les cheveux malencontreusement tombés dans le potage.

Avec un(e) partenaire, rédigez une version anglaise de ces extraits du catalogue. Puis essayez d'en inventer d'autres exemples.

Quiz des définitions

Voici les définitions de certaines remarques que l'on entend souvent en France.

1 Ça se dit avant de commencer un repas.
2 Ça se dit quand on donne quelque chose à quelqu'un.
3 Ça se dit avant de se coucher.
4 Ça se dit quand on a besoin d'aide.
5 Ça se dit à quelqu'un qui part en vacances.
6 Ça se dit à quelqu'un qui va rentrer chez lui.

Choisissez vos réponses parmi les remarques suivantes:

Bonne chance!   Voilà!   C'est ça!   Au secours!
Bienvenue!   Bonne nuit!   Bien sûr!   Bon voyage!
A bientôt!   Bon appétit!   Bon anniversaire!
Bon retour!

Vous avez du flair?

Regardez bien ces deux images. Au premier coup d'œil elles
semblent identiques. Mais elles ne le sont pas: il y a 10
différences. Essayez de les trouver!

Quelle réaction!

These people are reacting in different ways
to the cost of this disco. Some are pleased,
some aren't. Some of the comments are
ambiguous unless you actually *hear* them.
Copy out the grid opposite and classify the
comments into these three groups:

Pour	
Ambigu	
Contre	

Avis au public!

Here are extracts from two brochures issued by the
Ministère des PTT. Read them carefully and answer the
questions below:

a

a
1 Who is this brochure intended for?
2 What two details are given about the standard letter box?
3 What advantages does it have?
4 What should you do if you live in a block of flats?
5 What should you do if you live in a house?
6 What are you told not to forget to do?
7 What final question is the reader asked?

b
1 What group of people is this leaflet intended for?
2 Why is the figure 3,500 mentioned?
3 Give the gist of the four points set out in the second part of this leaflet.

13 Pouvez-vous m'aider?

En ville

Voici le plan du centre de la ville de Camaret-sur-Mer en Bretagne:

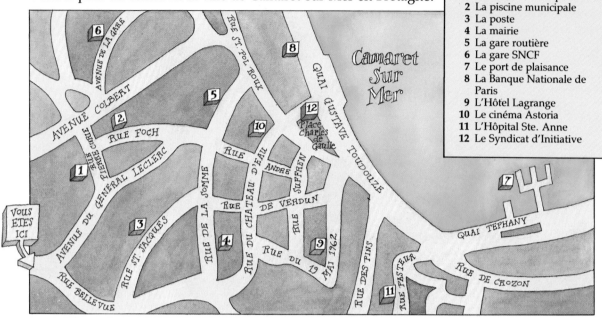

Légende
1 Le Centre Omnisport
2 La piscine municipale
3 La poste
4 La mairie
5 La gare routière
6 La gare SNCF
7 Le port de plaisance
8 La Banque Nationale de Paris
9 L'Hôtel Lagrange
10 Le cinéma Astoria
11 L'Hôpital Ste. Anne
12 Le Syndicat d'Initiative

▲ The following expressions will be useful for finding places and giving directions:

Pardon,	monsieur, madame, mademoiselle,	où	est le/la/l'...... sont les...... je cherche le/la/l'/les...... pour aller au/à la/à l'/aux......	s'il vous plaît (?)

Allez/Continuez tout droit.
Tournez à gauche/à droite (au carrefour/aux feux, *etc.*)
Prenez la | première deuxième, *etc.* | rue à gauche/à droite.
Descendez/Montez/Suivez la rue X (jusqu'au/à la/à l'/aux......)
Traversez la place/le point, *etc.*
C'est droit devant vous/sur la gauche/sur la droite.
Le/La/L'......se trouve rue X/sur la place Y.

a In pairs, play the roles of **A** a tourist, **B** a local, asking the way to the twelve places marked on the plan of Camaret, and giving directions to them.

b When you have worked out all the instructions, write them down. Then take it in turns to read out various sets of instructions and see whether your partner can follow them on the map and say where they lead to.

🔊 Pardon...!

Listen to these dialogues. In each of them someone is asking
for directions to a certain place. Then answer the questions:

a 1 How is the man to get to Sarzay?
    2 How far away is it?

b 1 What is the man looking for?
    2 What directions does he get?

c 1 What is the woman looking for?
    2 What response does she get from the
      two people she asks?

d 1 What is the man looking for?
    2 What directions is he given?
    3 Why is he not likely to miss it?

e 1 What is the man looking for?
    2 Where is there one?
    3 What does he say when he is told this?

Dans quelle direction?

Using the pictures as a guide, explain to a stranger which
way he/she has to turn and where, using one or other of the
expressions below:

Tournez à gauche/droite | au/à la/à l'/aux...
                            | après le/la/l'/les...
Allez jusqu'au/à la/à l'/aux..., puis tournez à gauche/droite.

la cabine téléphonique   le passage à niveau
le kiosque à journaux   le pont
le rond-point/le carrefour   les feux

Cas d'urgence!

Regardez ces Renseignements Utiles offerts
dans un dépliant sur Camaret-sur-Mer:

Où est-ce que je vais...
A qui | est-ce que je téléphone....
Où |

1 si je suis malade?
2 si je veux faire une promenade en bateau?
3 si j'ai besoin de renseignements sur la ville?
4 si j'ai besoin de transport?
5 si je dois changer de l'argent?
6 si je veux parler à la police?

RENSEIGNEMENTS UTILES

POMPIERS	27.80.69 27.93.55
MAIRIE (heures ouvrables - Pompiers)	27.94.22
AFFAIRES MARITIMES	27.93.28
GENDARMERIE - Crozon	27.00.22
• Poste local en été	27.93.60
P. & T.	27.92.51
BANQUES :	
• Banque Nationale de Paris, Quai Toudouze	
• Caisse d'Epargne, Place St Thomas	
• Crédit Agricole, Place Ch. de Gaulle	
• Crédit Maritime Mutuel, Quai Téphany	
• Crédit Mutuel de Bretagne, Pl. C. de Gaulle	
TAXIS :	
• Lastennet	27.95.44
• Le Roy	27.91.45
• Queffélec	27.94.80
DOUANES	27.93.02
PORT DE PLAISANCE	27.95.99
SYNDICAT D'INITIATIVE	27.93.60
CLUB NAUTIQUE Léo Lagrange	27.92.20
MEDECINS :	
• Docteur Auffret	27.80.55
• Docteur Cariou	27.91.35
• Docteur Gezegou	27.92.55
PHARMACIE	27.90.78
DENTISTE	27.92.23
INFIRMIERS	27.95.94

◤ Imagine that you need to phone some of the above services.
Take it in turns to ask your partner to tell you the various numbers:
   e.g. Dis-moi, quel est le numéro du Syndicat d'Initiative, s'il te plaît?

14 Y a-t-il...?

Qu'y a-t-il pour votre service?

Décrivez ces images!
Qu'est-ce qui se passe?
Imaginez ce qu'il y a dans la lettre!

Bonjour, Monsieur Lejeune.
Y a-t-il du courrier pour moi
ce matin?

Bonjour, Madame
Jones. Je ne sais pas.
Je vais voir...

Oui, il y a une lettre pour vous
....Voilà!

Merci bien!

Au revoir.

Au revoir...
et bonne
journée!

▲ The following expressions are useful for
asking whether there is a certain place
nearby:

Y a-t-il un/une/des......	près d'ici? par ici? dans le coin?

Here are some answers you might get:

Oui,	il y en a (un/une)	juste en face/par là/là-bas. rue de la Gare/sur la place du Marché. en face │ du/de la/de l'/des...... à côté au bout de la rue.
	il y en a beaucoup	à 200 mètres d'ici. à cinq minutes (à pied/en voiture).
Non,	il n'y a pas de/d'...... il n'y en a pas.	

🔊 A l'hôtel 'Au Bon Accueil'

Listen to the following dialogues in which
people staying at M. Lejeune's hotel ask him
for help. Then answer the questions:

a 1 What is the woman looking for and
    why?
  2 Where is there one?
  3 What does M. Lejeune suggest?

b 1 What is the second woman looking for?
  2 What does M. Lejeune recommend
    instead?
  3 Why does he recommend it?

c 1 How far away is the first restaurant
    which is mentioned?
  2 Where is the second one?
  3 Where does M. Lejeune say there are
    many more?

Asking about places and facilities

a In pairs, ask one another whether there are any of the things/places illustrated below nearby, and answer according to the information given with each illustration:

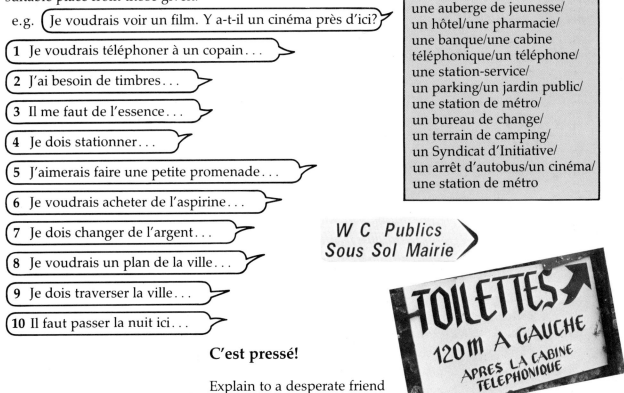

b Play the parts of **A** a French correspondent, **B** yourself.
A asks whether certain things/places are to be found near your school (Y a-t-il un/une/des... près de l'école?)
B answers.

Can you help me?

Complete what these people are likely to be saying, using a suitable place from those given:

e.g. (Je voudrais voir un film. Y a-t-il un cinéma près d'ici?)

1 Je voudrais téléphoner à un copain...

2 J'ai besoin de timbres...

3 Il me faut de l'essence...

4 Je dois stationner...

5 J'aimerais faire une petite promenade...

6 Je voudrais acheter de l'aspirine...

7 Je dois changer de l'argent...

8 Je voudrais un plan de la ville...

9 Je dois traverser la ville...

10 Il faut passer la nuit ici...

un tabac/un bureau de poste/
une auberge de jeunesse/
un hôtel/une pharmacie/
une banque/une cabine
téléphonique/un téléphone/
une station-service/
un parking/un jardin public/
une station de métro/
un bureau de change/
un terrain de camping/
un Syndicat d'Initiative/
un arrêt d'autobus/un cinéma/
une station de métro

W C Publics
Sous Sol Mairie

TOILETTES
120 m A GAUCHE
APRES LA CABINE
TELEPHONIQUE

C'est pressé!

Explain to a desperate friend where the toilets are!

G 42a, 46, 48c

15 J'ai perdu...!

Une fille distraite

Listen to the conversation and answer the questions in English:

1 What is Angélique looking for?
2 Where does her mother assume it is?
3 Where does Angélique say she has already looked?

4 Where does her father say it is?
5 When had Angélique left it there, and after having done what?

▲ The following expressions will be useful for saying you can't find something, or telling someone where you have seen a mislaid object:

Tu as vu...?	Oui/Si/Non.	
Tu n'as pas vu...?	Il/Elle est	dans/sur/sous/derrière...
Je ne peux pas trouver...	Ils/Elles sont	à côté du/de la/de l'...
Tu peux m'aider à trouver...?		

A number of things have been left lying around in this bedroom. Partner **A** says he/she has mislaid an article: Partner **B** tells him/her where it is:

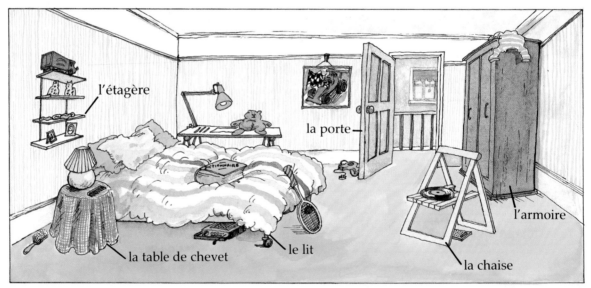

l'étagère

la porte

l'armoire

la table de chevet

le lit

la chaise

You will need to know these words:

le dictionnaire   la calculatrice
le transistor   le T-shirt
la montre   la raquette de tennis
le disque   le peigne
le sèche-cheveux   la brosse à cheveux

e.g. — Tu as vu mon dictionnaire?
    — Tu n'as pas vu mon dictionnaire?
    — Je ne peux pas trouver mon dictionnaire.
      — (Oui/Si.) Il est dans ta chambre sur ton lit.

▌ Objets perdus...Objets trouvés!

Listen to the following conversations in which three people try to find things they have lost, and give the information asked for in the questions below:

a 1 Where do you think this conversation takes place?
2 What has the woman lost?
3 Where did she leave it? How long ago?
4 Where is it now?

b 1 What has the woman lost?
2 How does she describe it?
3 What four things did it contain?

c 1 Where has the man left the lost article?
2 What description does he give of it?
3 Who found it and where?
4 What does the man offer to do, and why is he told not to bother?

▲ The following expressions will be useful for enquiring about lost articles:

J'ai perdu un/une...	rouge/noir(e)/blanc(he)/gris(e), *etc.*
	en cuir/en or, *etc.*
	suisse/allemand(e)/japonais(e), *etc.*

Au bureau des objets trouvés

Work out what you would say at a French lost property office if you had lost these objects. Give as much detail as you can:

Faites attention!

This is the advice given by Britanny Ferries to its passengers about lost property. Write down the gist of it in English:

OBJETS PERDUS

En cours de voyage vous pouvez réclamer vos objets égarés au bureau d'information du navire.

Si vous constatez une perte après votre débarquement, nous vous invitons à vous adresser au bureau "Brittany Ferries" de votre port d'arrivée.

Il est fortement recommandé de ne pas laisser d'objets de valeur dans votre voiture durant la traversée et de maintenir les portières fermées à clé.

▌ Play the parts of **A** a French guest who has lost something, **B** the British host. You should produce two dialogues, one in town, the other in school. Your dialogues should develop as follows:

A tells **B** what he/she has lost.
B tells him/her not to worry and asks where he/she has been (Ne t'inquiète pas! Où est-ce que tu as été?)
A says where he/she has been (J'ai été.../ Je suis allé(e)...)
B says they'll look there and suggests where they can go if they don't find it there (police station, lost property office, etc.)

 **3, 27, 41e–f, 42a,c**

16 Renseignez-vous!

Le Syndicat d'Initiative

Quand vous arrivez dans une ville française, cherchez les panneaux portant les inscriptions suivantes: Office du Tourisme, Pavillon du Tourisme, Maison du Tourisme ou Syndicat d'Initiative. En général ça se trouve au centre de la ville, dans la rue principale ou sur la place du marché. On peut y avoir tous les renseignements sur la ville et ses alentours: plans, horaires des transports en commun, guides, listes d'excursions, puis aussi des renseignements sur ce qui se joue au théâtre et au cinéma, sur les concerts et les activités sportives; bref, sur tous les spectacles qu'offre la ville. On peut y obtenir également une liste d'adresses d'hôtels, de pensions, d'auberges de jeunesse, de terrains de camping et de restaurants.

Si vous allez visiter une ville française, avant votre départ écrivez au Syndicat d'Initiative de la ville en question. Si vous allez visiter toute une région, écrivez au Syndicat du chef-lieu, c'est-à-dire de la ville principale. Si vous n'en connaissez pas l'adresse exacte, mettez tout simplement le nom de la ville (de préférence avec le code postal de la ville ou du département). Ne vous inquiétez pas; votre lettre arrivera à destination!

1 Where, according to this advice, are tourist information offices usually found?
2 What are you told you can get there?
3 What advice are you given about writing to a Syndicat d'Initiative?

44

The tourist office

▲ The following expressions will be useful for asking for information in a tourist office:

Avez-vous...	un plan de la ville	
Je voudrais...	un dépliant sur la région	(?)
Je cherche...	un horaire des bus/trains	
	une liste d'hôtels/de restaurants, *etc.*	

🎧 A votre service!

Listen to these conversations which are taking place in a tourist office. Then answer the following questions:

a 1 What does the woman ask for?
2 Why is this a bad day to ask for this?
3 When is she told to come back again?

b 1 What does the man ask for?
2 What does the woman give him and how much does it cost?
3 Why does it seem a good bargain?
4 What does the woman say about the other tourist information?

Au Syndicat d'Initiative

Décrivez cette image!

In pairs play the parts of **A** a tourist, **B** a Syndicat d'Initiative receptionist. The dialogues should develop thus:

A asks for certain items.
B says whether they are available.
A asks how much the items cost (or asks if they are free of charge).
B says how much (or says they are free of charge).

Ecrivons à un Syndicat d'Initiative!

Write a letter to a Syndicat d'Initiative in a town of your choice. The framework of the letter is given below; you should fill in the gaps to suit your own requirements:

Légende:
1 Combien de temps?
2 Nom de la ville
3 Quand?
4 Quoi?
5 Quoi d'autre?

```
Monsieur,
J'ai l'intention de|passer ____(1)____ dans la|région de|____(2)____
Je compte          |               |ville d'|

____(3)____ et je vous serais très reconnaissant(e) de m'envoyer

____(4)____ ainsi|que|____(5)____
                 |qu'|
J'aimerais aussi|recevoir|____(5)____
                |avoir

Je vous remercie d'avance et vous prie d'agréer, monsieur, l'expression
de mes sentiments les meilleurs.
```

G 26a,c,d, 36b, 42a,b

17 A quelle heure?

On se donne rendez-vous

— On va se revoir à quelle heure?
— Je ne sais pas. Quelle heure est-il?
— Onze heures et demie.
— Dans une heure et demie. Ça te suffit?
— Oui, je crois. Où on va se retrouver? Ici?
— Non, au café là-bas.
— D'accord. A tout à l'heure!
— A bientôt.

▲ These expressions will be useful for talking about the time:

On va se retrouver	à	quelle heure?	A	3 heures, *etc*.
Le train part	vers		Vers	
La banque ouvre/ferme				

◢ Basing your answers on the times given below:

a Ask one another what the time is (Quelle heure est-il?) and answer.
b Ask one another what time the bus/train leaves and answer.

◙ Dis-moi...!

In these mini-dialogues you'll hear someone ask when a certain event is going to happen; someone will then answer him/her. Copy out the grid below into your exercise books, with spaces for five dialogues. Jot down in English **a** what is being asked about, and **b** what time it is due to happen:

	Question	Time
1		
2		

◙ Des renseignements

Listen to these two French teenagers talking about the school day in France. Jot down the following information:

What does the school day begin and end? What time do they have off (apart from Sunday)? How long are lessons and break times? How much do school meals cost? What novel alternative to school meals is mentioned?

Talking about the time

A temps? . . . En retard?

Look at the situation illustrated below and answer the questions in French:

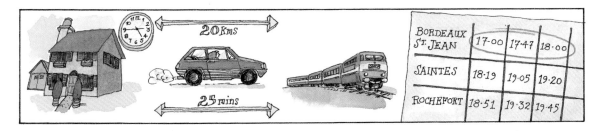

BORDEAUX Sᵀ. JEAN	17·00	17·47	18·00
SAINTES	18·19	19·05	19·20
ROCHEFORT	18·51	19·32	19·45

1 Quelle heure est-il actuellement?
2 La femme habite à quelle distance de la gare?
3 Elle prend combien de temps pour aller de chez elle à la gare?

4 A quelle heure elle va arriver à la gare?
5 Les trains partent à quelle heure?
6 Elle va manquer quel(s) train(s)?
7 Quel(s) train(s) elle va pouvoir prendre?

a In pairs, practise talking about opening times, etc. by asking and answering the following questions:

1

Quelles sont les heures d'ouverture le matin? Et l'après-midi?

2

On peut circuler dans le camp jusqu'à quelle heure?

3

On peut déjeuner à quelle heure? A quelle heure est-ce qu'on peut acheter des plats à emporter le soir?

b Practise making arrangements to meet one another, mentioning:

— what the time is now
— how much time you need
— what time you'll meet
— where you'll meet.

Et maintenant à toi!

vacances
A quelle heure tu te lèves en semaine? Moi, je dois me lever de bonne heure car j'habite loin du collège. Je me couche vers dix heures, dix heures et demie. Et toi? Le week-end, je fais la grasse matinée et je me couche très tard. Toi aussi? Je ne sais

🅖 15, 25, 59a, b

18 Un petit mot

Il y a quelqu'un?

Quand Karim rentre chez son correspondant, il n'y a personne à la maison. Dans la cuisine il trouve un message que son correspondant, Yves, lui a laissé... Lis-le et réponds aux questions:

1 Where does Karim find the note?
2 Where has his correspondent gone and why?
3 When will he be back?
4 What is Karim to do about food?
5 And about finding something to drink?
6 What mustn't he do and why?

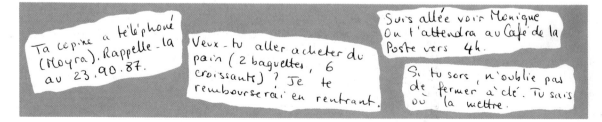

Karim,
Suis allé voir grand-mère à l'hôpital. Reviens dans deux heures. Il y a de quoi manger dans le frigo — pain et biscottes dans le placard — bière, cidre, coca dans la cave. Sers-toi!
À bientôt,
Yves
P.S. Laisse le jambon — maman en a besoin pour l'omelette ce soir!!

Laisse-leur un petit mot!

Using the model below, write notes to a French family to explain these situations:

Say you've...

1 gone into town to buy some souvenirs; back in about an hour
2 gone to cinema to see James Bond film; back 11 o'clock-ish
3 gone to station to book seat; back in couple of hours
4 gone to Danielle's house to listen to some records; back at about 3 o'clock
5 gone to bank to change some money; back in quarter of an hour
6 gone to post office to buy stamps and post letters, back in three-quarters of an hour

Find some more examples of your own.

1 _____ _____ 3 ____
Suis allé(e) 2 ____
Reviens 4 _____
5 _____

1 Nom du correspondant/ de la correspondante
2 Où?
3 Faire quoi?
4 Quand?/A quelle heure?/ dans combien de temps?
5 Ton signature

Imagine that you find these notes when you come back to your correspondent's house. Try to work out what they mean:

Ta copine a téléphoné (Moyra). Rappelle-la au 23.90.87.

Veux-tu aller acheter du pain (2 baguettes, 6 croissants)? Je te rembourserai en rentrant.

Suis allée voir Monique On t'attendra au Café de la Poste vers 4h.

Si tu sors, n'oublie pas de fermer à clé. Tu sais où la mettre.

▉ Veux-tu dire à tes parents...?

a Imagine that you have some French friends coming over to stay with you this summer. About a fortnight before they are due to arrive, you get this call. Jot down the details so that you can pass them on to your parents.

You will need to listen for the following details:

— who exactly is ringing you up
— why they can't come on the expected date
— when they want to come instead
— what dates they want to know.

b Prepare an answer to the call, either in a letter or a phone call.

▲ The following expressions will be useful for passing on phone messages to people:

X a appelé/téléphoné.	Tu dois... Tu veux...?
	Il/Elle | dit/a dit que... te demande de... veut savoir si.../à quelle heure.../où..., *etc.*

Un coup de téléphone

Imagine that the following people phoned up your correspondent while he/she was out. Write a short note for each of them telling him/her who phoned and what the call was about. Apart from the phrases already given, these may be useful too:
Tu veux...? Tu peux...? Tu dois... Il faut...

CLAUDE

1 Veux-tu lui dire que je suis malade et que je ne peux pas venir à la boum ce soir?

BRIGITTE

2 Dis-lui que j'ai trouvé son appareil-photo dans la voiture de mon père. Il était sous le siège!

PATRICK

3 Il y a une boum samedi chez Simone Legrand. Demande-lui s'il/si elle veut venir.

4 Dis-lui de me rappeler plus tard dans l'après-midi. J'ai quelque chose d'important à lui dire.

MARIANNE

5 Demande-lui s'il/si elle peut venir chez moi m'aider à réparer mon vélomoteur.

SERGE

6 Dis-lui que le concert commence à 20h. J'ai déjà payé les billets. Il/Elle peut me rembourser ce soir.

SIMONE

▉ Partner **A** should tell Partner **B** about each of the above telephone calls. The conversations should develop like this:

A Pendant que tu étais en ville,...(*nom*)...a téléphoné.
B Ah bon? Qu'est-ce qu'il/ elle a dit?

A Eh bien...(*message*)...
B O.K. \| Merci.
Bon \|

        **26a,d, 29, 43e, 44a,c,d**

Qu'est-ce qu'ils ont perdu?

Voici une famille qui vient de passer la journée à la plage.
Les membres de la famille sont très négligents. Quand ils
s'en vont, ils laissent traîner des affaires sur le sable.
Essayez d'identifier les objets perdus; il y en a 10:

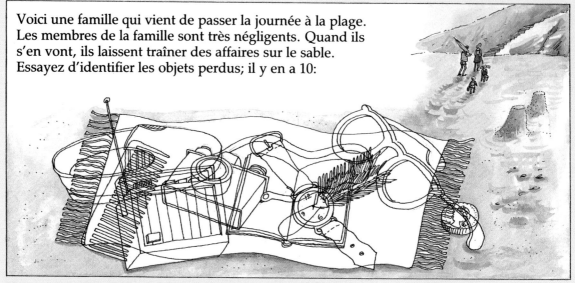

Tu es aussi à la plage. Tu trouves un des objets perdus, et
tu vois la famille partir. Tu cours après et... Imaginez le
dialogue qui pourrait avoir lieu!

Une perte!

Write a short composition in French based on these
questions:

Quand est-ce que l'incident s'est passe'?
Où étais-tu? Avec qui? Que faisais-tu/faisiez-vous là?
Qu'est-ce que tu as perdu?
Où est-ce que tu as cherché? Es-tu allé(e) au commissariat
de police/à un bureau des objets trouvés?
Est-ce que tu l'as retrouvé finalement?

Au contraire!

Voici deux listes d'adjectifs. Dans une des listes vous
trouverez les contraires de tous les adjectifs dans l'autre.
Allez-y! Faites-en des paires!

grand(e)	perdu(e)	maigre	petit(e)
bon(ne)	long(ue)	laid(e)	désagréable
sympathique	facile	chaud(e)	mauvais(e)
intéressant(e)	froid(e)	difficile	trouvé(e)
gros(se)	droit(e)	désolé(e)	court(e)
beau/belle	content(e)	gauche	ennuyeux/euse

Employez chacun de ces adjectifs dans une phrase!

Où faut-il aller?

Vous devez acheter tous les articles sur cette liste. Malheureusement il n'y a ni grande surface ni supermarché dans le coin. Il faut aller à plusieurs petits magasins. Où faut-il aller?

   e.g. Pour acheter un journal, **il faut aller à la maison de la presse**.

une baguette
du lait
des enveloppes
une brosse à dents
des allumettes
du beurre
du saucisson
une tarte aux pommes
un journal

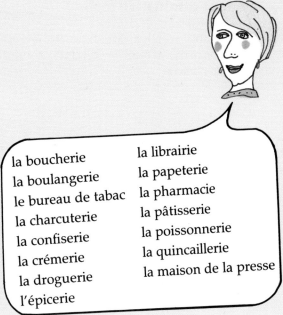

la boucherie
la boulangerie
le bureau de tabac
la charcuterie
la confiserie
la crémerie
la droguerie
l'épicerie

la librairie
la papeterie
la pharmacie
la pâtisserie
la poissonnerie
la quincaillerie
la maison de la presse

Quel désordre!

Voici la matinée de M. Menguy dépeinte en images.
Malheureusement les images sont dans le mauvais ordre.
Rangez-les dans le bon ordre, puis racontez ce qu'il fait:

Le Syndicat d'Initiative répond

Here is the reply which a British tourist received from the
Office de Tourisme in Nancy. Read it carefully and answer
the questions below:

Bienvenue à Nancy!

Monsieur Julian Wright
29 Newton Terrace
Oxford

29 septembre

Monsieur,

Nous faisons suite à votre courrier du 20 courant et vous adressons,
sous ce pli, des documentations sur Nancy et sa région. La brochure
'Nancy - une Etape Prestigieuse' vous fournira des renseignements
sur l'histoire de la ville, et sur ses principaux monuments. Elle
contient aussi un plan de la ville, comme vous nous l'aviez
demandé.

Veuillez trouver également ci-joint l'horaire des transports
publics de Nancy.

Par ailleurs, en ce qui concerne la liste des locations d'appartements
et de gîtes ruraux pour l'an prochain, nous joindre 3 coupons-réponse
internationaux à votre demande à partir de janvier.

Merci de l'intérêt que vous portez à notre région.

Nous vous prions de croire, Monsieur, à l'expression de nos
sentiments dévoués.

M. Grandgeorges

Monique Grandgeorges
Attachée de Direction

a 1 When was the original letter written?
2 Name four things the man had asked for, which they were able to supply.
3 What were they unable to help with at this time?
4 What would he have to do to get this information?

5 When do you think he was intending to go to Nancy, and why do you think that?

b Write a letter to which this might have been the reply. Remember to ask for all of the information which is mentioned in the letter from the Office de Tourisme.

52

Bienvenue à Nancy!

Here is a short extract from the brochure
'Nancy — Une Etape Prestigieuse'.

a Give the gist of the services offered here.
b Imagine that your family wanted to use
one or more of these services. Prepare
what you would need to say/ask at the
Office de Tourisme.

L'Office de Tourisme est heureux de vous accueillir à Nancy.
Dès à présent, nos services sont à votre entière disposition pour
préparer, organiser votre séjour et le rendre le plus agréable
possible.
L'Office de Tourisme vous propose
· les réservations hôtelières gratuites sur place
· l'organisation de tous séjours collectifs ou individuels
· la préparation de tous circuits touristiques et gastronomiques
· des visites guidées de la ville
En saison:
visite guidée de la ville, tous les jours du 15 juillet au
15 septembre à 9h 30 et à 16 h 00

Tourisme nocturne
De juin à septembre à partir de 21 h 00
— visite commentée de la vieille ville
— de l'ensemble architectural du XVIIIe siècle
— point de vue de l'Arc de Triomphe
— spectacle son et lumière sur la Place Stanislas
— visite des Grands Salons de l'Hôtel de Ville

Vous pouvez me donner un reçu, s'il vous plaît?

The details given in this receipt represent an incident which
happened to a British couple on holiday in France. Read it
carefully and then:

a Explain what you think happened to
them.
b Work out how they would explain the
incident to some French friends.

c Suggest what conversation took place at
the Gendarmerie.

CLASSIFICATION		NOTE-EXPRESS	NUMÉRO ET DATE
CE DOCUMENT : - N'EST PAS UTILISÉ AVEC LA MENTION "SECRET DÉFENSE"	☐ NON PROTÉGÉ ☐ DIFFUSION RESTREINTE ☐ CONFIDENTIEL DÉFENSE		20 août 1986

ORIGINE	Gendarmerie BRIGADE de TELGRUC SUR MER (29)
OBJET	Découverte d'un sac contenant des valeurs - argent liquide
TEXTE	Je soussigné JAMBRIN Yves, Adjudant, reconnais avoir reçu ce jour, 20 août 1986, un sac à main contenant quelques objets personnels féminins - un stylo en or, un briquet, un chéquier, et notamment une somme en argent liquide de SIX MIL CINQ CENTS FRANCS. Ce sac a été remis par Monsieur BLACK Michael, 14 Walton Road, OXFORD actuellement en camping à TELGRUC SUR MER. Monsieur BLACK a trouvé ce sac sur la voie publique. Il contient une carte d'identité au nom de LEGRAND Marianne. A TELGRUC le 20 août 1986 Adjudant JAMBRIN Commandant la Brigade

LEGRAND Marianne
8 rue de la gare
67000 STRASBOURG

19 Ça te va?

☎ Des invitations

— Dis, Mike, tu veux venir à une boum?
— Bien sûr! Où ça?
— Chez Anny. Tu la connais, non? Elle habite juste à côté de la poste.
— Ah, oui. C'est quand?
— Samedi soir à partir de huit heures.
— Quand c'est que ça va finir?
— A minuit... Une heure... Qui sait!

— Dis, Emma, tu viens en ville?
— Quand ça?
— Eh bien, maintenant...tout de suite.
— Non, je ne peux pas. Je ne suis pas libre. Je dois garder les enfants de Mme Linnot... Mais j'aimerais bien y aller... Je dois m'acheter un blue-jean.
— Si on allait cet après-midi alors?
— D'accord! Vers quelle heure?
— Disons...vers deux heures, deux heures et demie.
— D'accord... A tout à l'heure!

a 1 What is Mike invited to do?
   2 Where is the event to take place?
   3 When is it to start?
   4 When is it to finish?

b 1 Where is Emma invited to go?
   2 Why can't she go?
   3 Why is she disappointed?
   4 What do she and her friend finally decide to do?

▲ The following expressions will be useful for giving, accepting, and declining invitations:

Tu veux venir	au cinéma à une boum, *etc.*	ce soir demain samedi soir le premier/deux mai, *etc.*	?
Oui, je suis libre. je peux venir. D'accord, je veux bien (venir).		Non, Je regrette, Je suis désolé(e),	je ne peux pas venir.

◢ In pairs, invite one another to do certain things (go to cinema, go skating, etc.), and either accept or turn down the invitations.

Discussing dates

Je vais consulter mon agenda:

If you were the French person who owns this diary, how would you answer these invitations?

— Tu veux venir nager mardi matin?
— Tu veux venir au tournoi de tennis vendredi après-midi?
— Tu veux venir à la patinoire samedi soir?
— Tu veux faire une randonnée dimanche?
— Tu veux venir à la boum chez Anny vendredi soir?

DIM 8	Chez les grands-parents toute la journée
LUN 9	Piscine avec Simone 14 h
MAR 10	Dentiste 11:45
MER 11	20:00 Concert Foyer des jeunes
JEU 12	Paris - toute la journée
VEN 13	
SAM 14	Coiffeur 10:00 Boum 21h Chez Anny

Ça te dit?

Pete is staying in France for a week from Monday 1 June to Sunday 7 June. He has met a French girl, Marie-Christine. She phones him up to ask him out. Look at these newspaper cuttings showing what is on this week:

VENEZ NOMBREUX!

DISCO

SALLE POLYVALENTE de CROZON

samedi 6 juin
21h à l'aube

GRAND BARBECUE

offert par le

syndicat d'initiative
de
MORGAT

jeudi 4 juin
PLAGE DE MORGAT

8 F   20h

GRAND FESTIVAL

de

JAZZ

en plein air

STADE MUNICIPAL
vendredi 5 juin

18F   20h

CINEMA ASTORIA

STEVE REEVES
dans

"SUPERMAN IV"

Semaine du
1 au 7 juin

Séances:
18h00 et 20h 30

Now listen to their telephone conversation to find out which invitation(s) he accepts. Write out a diary page for the week of 1–7 June and add any details you hear in the dialogue (where they're going, the day, the time, the meeting place, etc.).

Each partner should make a copy of the French diary page above, and enter five commitments of various kinds on his/her copy. In pairs, they should then try to agree a time when they could do certain things together (go to the cinema, go swimming etc.), avoiding the commitments already in their diaries.

Et maintenant à toi!

Write two separate answers to this letter extract, **a** accepting the month and giving specific dates, **b** changing the month to August and giving specific dates.

difficile à faire.
Mes parents et moi t'invitons à venir passer une quinzaine de jours chez nous en France cet été. Est-ce que tu vas pouvoir venir au mois de juillet? Si tu viens en avion, nous

55   **G** 26b, 41c,e, 42a, 57, 58

20 Comment y aller?

En ville

Moi, j'habite tout près de mon collège. J'y vais à pied.

Moi, j'habite très loin de l'usine où je travaille. J'y vais en voiture. Mon mari prend l'autobus.

Moi, j'habite Lille. Il y a beaucoup de circulation …et beaucoup d'embouteillages. Pour me déplacer en ville je préfère prendre le métro.

Et toi et ta famille?
Que faites-vous pour vous déplacer?
Comment allez-vous au collège, en ville, au travail, en vacances?

Pour aller	au collège,	je…
		mon frère et moi…
	au travail, mon père/ma mère…, etc.	

De quoi est-ce qu'ils parlent?

What types of transport do you think each comment is referring to?

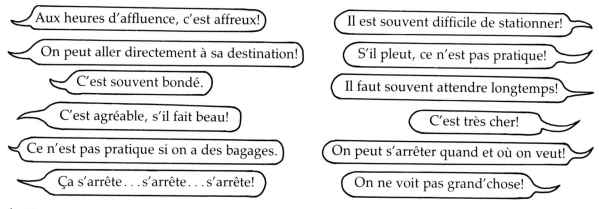

Aux heures d'affluence, c'est affreux!

On peut aller directement à sa destination!

C'est souvent bondé.

C'est agréable, s'il fait beau!

Ce n'est pas pratique si on a des bagages.

Ça s'arrête…s'arrête…s'arrête!

Il est souvent difficile de stationner!

S'il pleut, ce n'est pas pratique!

Il faut souvent attendre longtemps!

C'est très cher!

On peut s'arrêter quand et où on veut!

On ne voit pas grand'chose!

▲ These expressions are useful for talking about travelling in town:

Je vais	prendre le train/le métro/l'autobus/le car/un taxi.
On va	aller	à pied/à velo/à bicyclette/à vélomoteur/à moto(cyclette)/à scooter.
Tu peux		en train/par le train/en métro/par le métro/en autobus/par
Il vaut mieux		l'autobus/avec le bus.

▮ A la gare routière

a Listen to this woman making enquiries about a bus and then talking to the bus driver.
Try to find out the following information:

1 Where does the woman want to go?
2 Which bus is she told will take her there?
3 What does the woman ask the driver and why?
4 Which stop does she have to get out at?

b Using the expressions you heard the woman use (C'est quel bus pour . . .?/C'est bien ce bus pour . . .?) make enquiries about buses to these places:

1 the market place
2 the Astoria cinema
3 the municipal swimming pool
4 the town centre
5 the stadium
6 the town hall

▮ Taxi!

a Listen to this man taking a taxi and try to find out the following information:

1 Where does the man want to go?
2 What luggage is mentioned?
3 Why is the man in a hurry?
4 What two reasons does the driver give him for not worrying?
5 How long does he say the journey will take?

b Using the expression you heard the man use (Je voudrais aller à/au/à la/à l'/aux . . .), ask a taxi driver to take you to the following places:

1 the railway station
2 the port
3 the Bellevue hotel
4 the Aux Quatre Saisons restaurant
5 22 bis Avenue Leclerc

Un sondage

Copy out this table and then ask the members of your class how they travel to school. Enter the numbers in the appropriate boxes. Report back your findings in French.

Et maintenant à toi!

Answer this letter extract:

> pour ma mère.
> Tu habites à quelle distance de ton collège? Moi, je dois prendre le car de ramassage scolaire, car notre collège est très loin de chez moi. Toi aussi, tu y vas en car? Combien de temps est-ce que ça prend? Il nous faut une bonne demi-heure, car il faut passer par beaucoup de petits villages. Tous mes copains viennent dans le même car. Tu y vas avec qui d'habitude?

G 2, 5e, 8b, 42a, 45

21 A la gare

▐ Au guichet

Listen to this dialogue which takes place at the booking office of a French railway station. Then choose the correct statements about it from the following:

1 The woman buys...

  a a single ticket.
  b a return ticket.
  c a season ticket.

2 The ticket costs...

  a 50F 14.
  b 50F 40.
  c 50F 80.

3 Her train is to leave...

  a at twenty past one.
  b at half past one.
  c at twenty past three.

4 It will leave...

  a from platform 1.
  b from platform 2.
  c from platform 3.

5 The woman...

  a will need to change trains once.
  b won't need to change trains.
  c will need to change trains twice.

▲ The following expressions will be useful for making enquiries about trains and for getting train tickets:

C'est bien le train pour...?		
Le train | pour...... | arrive | à quelle heure, s'il vous plaît?		
| de | part		
Il | arrive sur quelle voie/à quel quai?		
| part de quelle voie/de quel quai?		
Il s'arrête à......?		
Il faut changer?/C'est direct?		

Un aller simple pour...(town)...	s'il vous plaît,	première classe.
...(town)...aller et retour		deuxième classe.

Il y a une réduction pour	familles	?
	mini-groupes	
	étudiants	

Qu'est-ce qu'ils disent?

Using the expressions given opposite, work out the dialogues represented by the following symbols. The speakers are **A** un voyageur, **B** un employé de la SNCF:

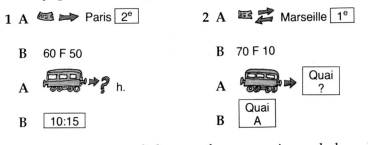

1 A ⟶ Paris [2e]

   B   60 F 50

   A ⟶? h.

   B [10:15]

2 A ⟶ Marseille [1e]

   B   70 F 10

   A ⟶ [Quai ?]

   B [Quai A]

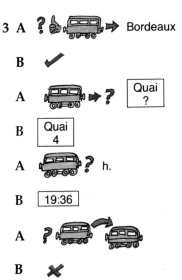

3 A ? ⟶ Bordeaux

   B ✔

   A ⟶ ? [Quai ?]

   B [Quai 4]

   A ⟶ ? h.

   B [19:36]

   A ? ⟶ ⟶

   B ✘

Make up some more dialogues of your own in symbols and see whether your friends can work them out!

🔊 Qu'est-ce qu'il y a?

Listen to these eight short dialogues involving tourists. In each of them a problem arises. Jot down what the problem is in each case.

🔊 Can you help us?

Imagine that, as you are travelling around France, you are asked by some British people who speak no French to listen out for their trains to be announced. Copy out this table, listen to the announcements, and fill in the table with the information you hear.

Destination	Time of train	Platform
Lyon		
Nantes		
Dijon		
Montpellier		
Nice		

◀ In pairs, play the parts of **A** a passenger, **B** an SNCF employee. Your dialogue, which should be based on the timetable below, should develop as follows:

Together decide on the time the query is being made (between 8 a.m. and 6 p.m.). Then **A** asks the time of the next train from Paris to any one of the twelve destinations. **B** answers.
A asks what time the train arrives.
B answers.

PARIS	08.44	09.10	10.03	11.40	12.57	13.44	14.38	16.17	16.23	17.03	17.51	18.00
LE MANS	10.30	10.58	11.49	13.37	14.46	15.30	16.25	18.08	18.08	|	|	|
LAVAL	|	|	12.35	14.21	15.31	16.16	17.10	18.55	18.55	|	|	20.34
VITRE	|	|	12.55	|	|	|	17.30	|	|	|	|	20.55
RENNES (GARE SNCF)	12.07	12.32	13.16	15.07	16.09	17.02	17.58	19.26	19.42	|	20.57	21.24
LAMBALLE	12.57	13.18		15.55		17.51	18.45		20.26	|	21.43	22.18
ST BRIEUC (GARE SNCF)	13.14	13.35		10.13		18.09	19.04		20.41	20.03	21.59	22.35
GUINGAMP	13.38	13.57		16.34		18.30	19.25				22.20	
PLOUARET	13.58	14.14		16.53		18.49	19.44				22.36	
MORLAIX (GARE SNCF)	14.23			17.16		19.12	20.06				22.59	
LANDIVISIAU	14.45			|		19.32	20.26				|	
LANDERNEAU (GARE)	14.58			17.47		19.46	20.40				23.29	
BREST (GARE)	15.18			18.04		20.03	20.57				23.46	

Ⓖ **15, 54, 59**

22 A la station-service

🅰 Qu'y a-t-il pour votre service?

— Zut! J'ai besoin d'essence!
— Regarde, il y a une station-service là-bas.
— C'est un libre service?
— Non, voici un pompiste.

— Vous en voulez combien, m'sieur?
— Faites le plein, s'il vous plaît.
— Super ou ordinaire?
— Super... Et voulez-vous vérifier l'eau, l'huile et les pneus.

— L'eau, ça va. Mais vous avez besoin d'un demi-litre d'huile.
— Très bien.
— Quelle est la pression des pneus?
— 2, 5 à l'avant... 1, 9 à l'arrière.

— Vous payez à la caisse, s'il vous plaît.
— Il y a des toilettes ici?
— Oui, m'sieur. Toilettes-femmes à l'intérieur... toilettes-hommes derrière le bâtiment.

▲ Here are some expressions which would be useful at a petrol station:

| Je voudrais
Donnez-moi
Vous me donnez | 40 (etc.) litres

un (demi-)litre d'huile. | d'ordinaire.
de super. | Voulez-
vous | vérifier

essuyer | l'eau
l'huile
les pneus
le pare-brise
les phares | ? |
| Faites le plein
Pour 100 (etc.) francs | s'il vous plaît. | | | | | |

🅱 Vous désirez?

Using the expressions given above, work out what the petrol pump attendant is being asked for/asked to do, as represented by these symbols. Then take it in turns to ask your partner for these services:

1 30 l. ** s.v.p.

2 ?⚗️🥛 s.v.p.

3 🛢️ s.v.p.

4 ?🔍🚰 s.v.p.

5 💶🔫 **** s.v.p.

6 ?🔍◎◎ s.v.p.

7 ?🪣🥛 s.v.p.

8 🔫 **** s.v.p.

60

Qu'est-ce que ça veut dire?

Here are some signs you might see at a petrol station.
Match them up with the correct symbols:

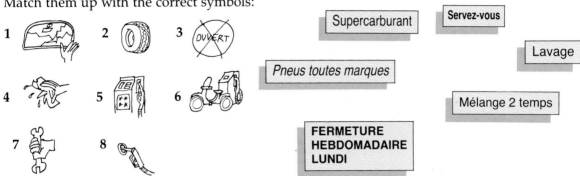

Mécanique

ICI pare-brise

Supercarburant

Servez-vous

Lavage

Pneus toutes marques

Mélange 2 temps

FERMETURE HEBDOMADAIRE LUNDI

⬛ Des questions...des questions..!

Listen carefully to these short dialogues which take place at
or near a service station. Jot down **a** what question is being
asked and **b** what answer is given.

▲ Here are some expressions which will be
useful for asking whether you can get/do
certain things at the petrol station:

Est-ce qu'il y a...	ici?
Vous avez...	
Est-ce qu'on peut acheter...	
J'ai besoin de/d'...	

▲ Here are some things you might need to ask for/enquire about.
Practise asking for each:

le téléphone/des bonbons/des friandises/
du chocolat/du chewing-gum/
une carte routière/des toilettes/
des plantes/des fleurs/de quoi boire/
des boissons (chaudes/froides)/
de quoi manger/des sandwichs/
des glaces

◤ Basing your dialogues on the structures and vocabulary
above, play the parts of **A** a tourist, **B** a service station
employee. Your dialogues should develop as follows:

A asks whether certain items/services are available.
B (who has previously decided which ones are/aren't
available) answers (Oui, il y en a à l'intérieur/à la caisse; Je
regrette, il n'y en a plus/il n'en reste plus; Non, on ne vend
pas ça ici, etc.).

G 5d, e, 23, 26, 44d, 46

23 En panne

Qu'est-ce qui ne va pas?

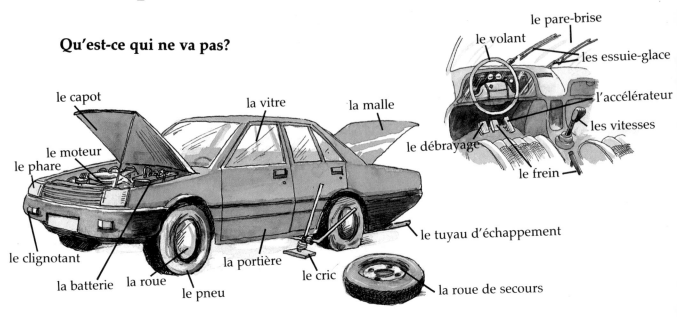

Allô. . . Ici Garage St-Martin

Listen to these three people phoning up the Garage St-Martin to ask for help with a breakdown. Answer these questions about the conversations:

a 1 Where does the woman say she has broken down?
2 Why can't the garage help?
3 What is the name and phone number of the other garage he recommends?

b 1 What details does the man give about where he is?
2 What does he say is wrong with the car?
3 What three details does he give about the car?
4 When does the garageman say he'll be there?

c 1 What does the man say is wrong with the car?
2 What information does he give about where he is?
3 How long will the garageman take to get there?
4 What sort of car is it?

▲ These phrases will be useful if you break down:

Ma voiture est en panne.			Le/La/L'/Les......	ne march(ent) pas. est/sont cassé(e)(s).	
Pouvez-vous	m'aider me dépanner envoyer quelqu'un	?	Je pense que	c'est le/la/l'...... ce sont les......	

Dealing with a breakdown

Ça alors!

Here are some problems that one might have with a car. Can you work out what they are?

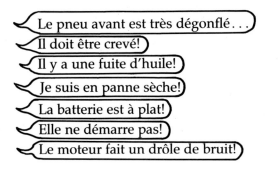

Le pneu avant est très dégonflé...

Il doit être crevé!

Il y a une fuite d'huile!

Je suis en panne sèche!

La batterie est à plat!

Elle ne démarre pas!

Le moteur fait un drôle de bruit!

Au garage

Listen to these four short dialogues which take place in garages. Jot down the gist of what is going on.

Véhicules

Listen to these four French people talking about vehicles owned by various members of their families. Number the speakers 1–4 and jot down what the vehicles are, and who owns them.

Où êtes-vous exactement?

Prepare a phone call to a garage for each of these three situations:

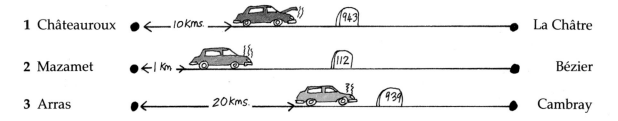

1 Châteauroux ● ←—10 kms.—→ (943) ● La Châtre

2 Mazamet ● ←1 km→ (112) ● Bézier

3 Arras ● ←—20 kms.—→ (939) ● Cambray

Say you've had a breakdown and ask if they can help.
Then say **a** where you are and **b** what kind of car you have.
Use the following models:

a Je viens de passer par...
Je suis | à...kilomètres de...
       | sur | la route de...
           | la RN 33 (*etc.*), entre...et...

b C'est | une*...
J'ai |
*All makes of car are feminine in French, e.g. une Metro, une Renault, etc.

Voulez-vous me la décrire...?

Imagine that your car has been stolen in France. Answer these questions about it, put to you by a French policeman:

1 Quelle marque de voiture est-ce?
2 C'est quel modèle?
3 Quelle en est l'immatriculation?
4 Elle date de quand?
5 Elle est de quelle couleur?

Using words and expressions you have met in this unit, play the parts of **A** a garage owner, **B** a motorist. The dialogue should develop as follows:

A asks what is wrong.
B explains what (he/she thinks) is wrong with his/her car.
A says when he/she will be there.

 15, 40, 49a, 43a, b, d

24 Tous les combien?

Ecris-moi bientôt!

Sally McGuire, jeune Ecossaise, vient de recevoir une lettre de son correspondant français, Jean-Luc...

Chère Sally,

J'espère que tu vas bien ainsi que ta famille.
Ça fait longtemps que je ne t'ai pas écrit. Excuse-moi!
Malheureusement je dois étudier tous les soirs car je passe bientôt mon bac. J'étudie aussi le weekend, mais seulement le dimanche. Je garde le samedi pour moi! Après tout, il faut se détendre de temps en temps, n'est-ce pas?

Toutes les deux ou trois semaines mes parents vont voir mes grands-parents en banlieue et d'habitude je vais avec eux. Je préférerais faire autre chose, car c'est souvent très ennuyeux, mais je sais que ça leur fait plaisir de me voir de temps en temps. Les weekends où je ne vais pas chez les grands-parents, je sors le plus possible. Parfois je rencontre les copains au café où on passe l'après-midi à bavarder. S'il fait mauvais on va d'habitude au cinéma ou à la patinoire. S'il fait beau on se balade en ville, on achète des vêtements ou des disques. Deux ou trois fois par mois, il y a une boum ou une disco le samedi soir et j'y vais, bien sûr. En été on va très souvent à la plage.

Je vais finir maintenant car j'ai une dissertation à écrire pour demain. Je m'excuse d'avoir écrit une si courte lettre et de n'avoir parlé que de moi-même! J'espère que tu trouveras le temps de me répondre en me disant comment tu vas et ce que tu fais.

Amitiés, Jean-Luc.

Answer these questions about the letter:

1 How long is it since Jean-Luc last wrote?
2 When does he do his studying?
3 What time does he have free?
4 How often does he visit his grandparents?
5 Where do they live?
6 What does he say about his visits?
7 What details does he give about how he spends his free time?
8 What does he apologize for at the end of the letter?

Talking about how often things happen

▲ The following expressions will be useful for explaining how often things happen:

Vous allez au cinéma?

J'y vais	rarement/quelquefois/souvent/beaucoup. le weekend/le samedi (matin), *etc.* chaque jour, *etc.* tous les (deux) jours/toutes les (deux) semaines, *etc.* une deux fois par jour semaine, *etc.*	Je n'y vais	pas. jamais.

Un sondage

Copy this questionnaire on to a sheet of paper, leaving enough room to add the names of all the members of the class. Add any other activities you wish (patinoire/matchs de football/jardinage, etc.). Then carry out the instructions given in French below:

Noms d'élèves

	Cinéma	Boums	Discos	Concerts	Piscine
TOTAL ▶▶					

Ce qu'il faut faire:

a Tous les membres de la classe mettent de 1 à 6 points sous chacune des activités (voir **Légende des points**).

b Additionnez les points dans chaque colonne.

c Trouvez la moyenne, en divisant chaque total par le nombre de participants au sondage.

d Discutez des résultats (Quelle est l'activité la plus/moins populaire chez les filles/garçons? etc.)

e Essayez d'expliquer les résultats.

Légende des points
1 point = jamais (zéro fois)
2 points = rarement (1 ou 2 fois par an)
3 points = de temps en temps (tous les 2 ou 3 mois)
4 points = assez souvent (1 fois par mois)
5 points = souvent (toutes les 2 semaines)
6 points = très souvent (1 fois ou plus par semaine)

◢ In pairs, ask one another questions involving '. . . tous les combien?'
　　e.g. **Tu aides tes parents** tous les combien? **Tu vas au foyer des jeunes** tous les combien? etc.

Et maintenant à toi!

Qu'est-ce que tu fais d'habitude le weekend? (Réponds en disant 'Le samedi matin je . . .', 'Le samedi après-midi je . . .', etc.)

  **G** 10b, 22, 58, 60

Comment se déplacer à Bordeaux

Here is an extract from a brochure entitled *How to get around in Bordeaux*. Read it carefully and find out the information asked for:

Avec votre voiture.
La plupart des rues du centre de Bordeaux sont à stationnement limité (parcmètres individuels ou horodateurs) - Utilisez de préférence les Parcs Autos (payants).
– Allée d'Orléans - non couvert.
– Allée de Chartres - non couvert.
– Qu. Louis XVIII - couvert.
– Quai Richelieu - non couvert.
– Gambetta - couvert.
– Cours du Maréchal Juin - couvert.
– Place de la République - couvert.
– Palais des Sports - couvert.
Dépannage: Des services de dépannage automobile fonctionnent jour et nuit. Tél. 86.61.70 et 91.45.22. L'Office de Tourisme tient à votre disposition la liste des représentants des marques françaises et étrangères.

Etat des routes: C.R.I.R.-Tél. 96.33.33.

En autobus.
Ils vous permettront de vous déplacer facilement dans Bordeaux et la Communauté Urbaine.

Des plans complets du réseau sont à votre disposition à l'Office de Tourisme.

Taxis.
Plusieurs stations à Bordeaux et en banlieue. 2 stations fonctionnent jour et nuit. A la gare Saint Jean (Tél. 91.48.11) et Pl. Gambetta (T. 48.00.79).

Les tarifs sont affichés dans les voitures. Attention: suppléments pour l'Aéroport et le service de nuit.

Service spécial Aéroport.
Un autobus spécial (toutes les 1/2 heures en semaine, service réduit le dimanche) relie l'Aéroport à l'Office de Tourisme. Durée du trajet 20 à 30 minutes. On paie au conducteur.

Locations de vélos.
Gare Saint Jean (Tél. 91.54.14).
Cycles Pasteur - 42, cours Pasteur - Tel. 92.68.20.
Roques - 19, allées de Tourny (vélomoteurs) - Tél. 52.07.71.

1 What information are you given about parking?

2 Why are the phone numbers 86.61.70 and 91.45.22 given and what are you told about the service?

3 Why is the number 96.33.33 given?

4 What can you get from the tourist office which will be useful to bus travellers?

5 Why are the numbers 91.48.11 and 48.00.79 particularly mentioned?

6 How can you find out about taxi fares?

7 Why are journeys to the airport and night trips particularly mentioned?

8 What details are given about a special bus service to the airport and where does it run from?

9 Where could you hire **a** bicycles, **b** mopeds?

Comment s'informer?

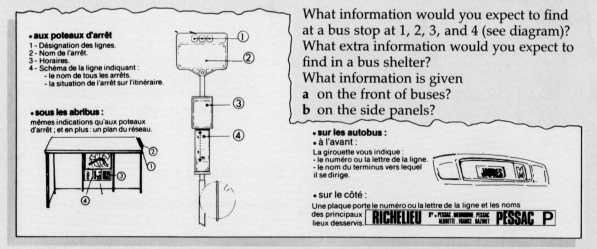

• **aux poteaux d'arrêt**
1 - Désignation des lignes.
2 - Nom de l'arrêt.
3 - Horaires.
4 - Schéma de la ligne indiquant :
    - le nom de tous les arrêts.
    - la situation de l'arrêt sur l'itinéraire.

• **sous les abribus :**
mêmes indications qu'aux poteaux d'arrêt ; et en plus : un plan du réseau.

What information would you expect to find at a bus stop at 1, 2, 3, and 4 (see diagram)?
What extra information would you expect to find in a bus shelter?
What information is given
a on the front of buses?
b on the side panels?

• **sur les autobus :**
• à l'avant :
La girouette vous indique :
- le numéro ou la lettre de la ligne.
- le nom du terminus vers lequel il se dirige.

• **sur le côté :**
Une plaque porte le numéro ou la lettre de la ligne et les noms des principaux lieux desservis. **RICHELIEU** 8° - PESSAC, MEDOQUINE, PESSAC ALOUETTE, FRANCE, GAZINET **PESSAC** P

Les titres de transport

- le billet acheté à l'unité,
au chauffeur lors d'un
déplacement occasionnel.

- le ticket acheté à l'avance en carnet,
D'un prix nettement moins élevé que le précédent. Il vous permettra en
outre de gagner du temps si vous prenez assez souvent le bus.
   Il existe :

• le ticket tarif plein,
en carnet de 10.

• le ticket tarif réduit,
en carnet de 10
utilisable si vous avez une carte
étudiant, famille nombreuse,
accidenté du travail ou mutilé de
guerre (cartes délivrées par la
C.G.F.T.E.)

• le ticket aller-retour travail
en carnet de 5
valable à l'aller les jours ouvrables,
sur les voitures partant d'un
terminus avant 8 h 15. Valable
pour le retour, le même jour à
partir de 15 h 30 du lundi au
vendredi et à partir de 11 h 30
le samedi. Non utilisable
le dimanche.

**Carte hebdomadaire
de travail** .... **13,30 F**
**• Abonnements mensuels
Carte Bordeaux**
Nombre illimité de voyages
sur toutes les lignes
du réseau .... **116,00 F**
Abonnement ligne
Nombre illimité de
voyages sur la
ligne choisie .... **72,00 F**

**• Billets
vendus à l'unité dans
les voitures** .... **5,00 F**
**• Tickets
vendus à l'avance en carnet :
10 tickets**
tarif plein .... **22,90 F**
10 tickets
tarif réduit .... **13,30 F**
5 tickets
aller-retour TRAVAIL ..... **13,30 F**

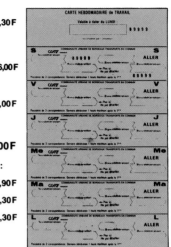

CONSEILS D'UTILISATION

VOUS VOYAGEZ	NOUS VOUS CONSEILLONS
Occasionnellement	le billet au détail vendu à bord des autobus
Souvent	le carnet de 10 tickets tarif plein
Régulièrement	le carnet de 5 tickets aller-retour travail la carte hebdomadaire de travail de 6 tickets aller-retour

Prepare an information sheet for a group of British visitors
to Bordeaux which gives them a summary of all the
information about bus tickets.

N'oubliez pas de composter!

1 What does the word 'composter' mean?
2 How would yóu recognize a 'composteur'?
3 When should you use one?
4 What is the fine for not doing so?
5 How long before your journey can you
   now buy your railway tickets?

Pour faciliter votre voyage, la SNCF a supprimé le
contrôle d'accès aux quais.

En contrepartie, il vous appartient, avant le départ (à
l'aller comme au retour), de valider vous-même votre
billet* à l'aide des composteurs de couleur orange
installés à cet effet. Sinon, vous ne serez pas en règle
dans le train et le prix de votre voyage sera majoré de
20%.

Par ailleurs, les billets et les suppléments achetés
dans le train coûtent 20% plus cher.

La majoration minimale dans les trains est de 20F par
billet et 10F par supplément.

Donc, pour vos prochains voyages:

— achetez vos billets et vos suppléments à l'avance.
   Vous pouvez maintenant le faire dans les deux
   mois qui précèdent votre départ;

— compostez-les le jour du départ, avant de monter
   dans le train.

*Conditions particulières pour la banlieue de Paris.

N.B. Ces dispositions ne s'appliquent pas aux voyageurs
munis de billets internationaux.

Comment prendre le bus?

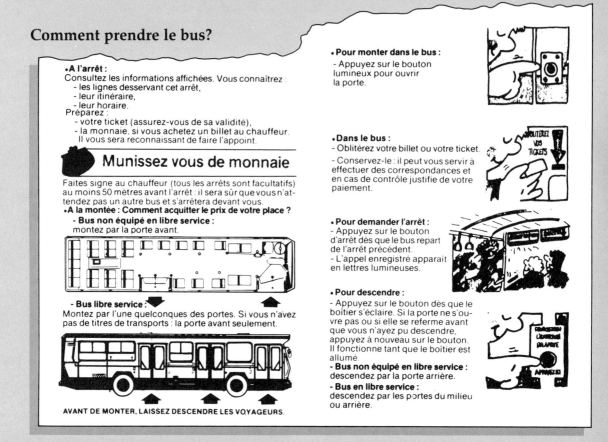

• **A l'arrêt :**
Consultez les informations affichées. Vous connaîtrez :
- les lignes desservant cet arrêt,
- leur itinéraire,
- leur horaire.
Préparez :
- votre ticket (assurez-vous de sa validité),
- la monnaie, si vous achetez un billet au chauffeur.
Il vous sera reconnaissant de faire l'appoint.

Munissez vous de monnaie

Faites signe au chauffeur (tous les arrêts sont facultatifs) au moins 50 mètres avant l'arrêt : il sera sûr que vous n'attendez pas un autre bus et s'arrêtera devant vous.
• **A la montée : Comment acquitter le prix de votre place ?**
- **Bus non équipé en libre service :**
montez par la porte avant.

- **Bus libre service :**
Montez par l'une quelconques des portes. Si vous n'avez pas de titres de transports : la porte avant seulement.

AVANT DE MONTER, LAISSEZ DESCENDRE LES VOYAGEURS.

• **Pour monter dans le bus :**
- Appuyez sur le bouton lumineux pour ouvrir la porte.

• **Dans le bus :**
- Oblitérez votre billet ou votre ticket.
- Conservez-le : il peut vous servir à effectuer des correspondances et en cas de contrôle justifie de votre paiement.

• **Pour demander l'arrêt :**
- Appuyez sur le bouton d'arrêt dès que le bus repart de l'arrêt précédent.
- L'appel enregistré apparait en lettres lumineuses.

• **Pour descendre :**
- Appuyez sur le bouton dès que le boîtier s'éclaire. Si la porte ne s'ouvre pas ou si elle se referme avant que vous n'ayez pu descendre, appuyez à nouveau sur le bouton. Il fonctionne tant que le boîtier est allumé.
- **Bus non équipé en libre service :** descendez par la porte arrière.
- **Bus en libre service :** descendez par les portes du milieu ou arrière.

Give the gist of the information under the following headings:

At the bus stop

In the bus

Getting into the bus

Getting off the bus

Où est-ce que je peux obtenir un carnet?

Listen to this French woman telling a foreign tourist where to get a *carnet* of tickets and find out the following information:

Where, apart from certain shops, can you get 'carnets'?
What types of shop are mentioned where 'carnets' can be bought? If you haven't got a list, how can you recognize one of these shops?

Les tarifs

Bus fares and regulations vary from town to town in France. In this dialogue you will hear an English visitor to Bordeaux asking a bus inspector for information. Try to jot down the information he gives her.

68

Simple comme bonjour!

a Give a summary in English of these instructions for using
the Parisian Métro:

Rien de plus simple que de voyager par le Métro.
Chaque ligne porte le nom du terminus vers lequel la
rame (c'est-à-dire le train) se dirige; il est donc très
facile de trouver la bonne direction. En descendant
dans la station, vous cherchez sur le plan le nom de
la dernière station de la ligne sur laquelle se trouve
votre destination et vous suivez les panneaux portant
ce nom. Si vous devez changer de rames, vous
descendez, cherchez le panneau orange qui indique
'Correspondances', puis vous suivez les panneaux
portant le nom du nouveau terminus, et ainsi de
suite . . .

b Here is a section of the Parisian Métro:

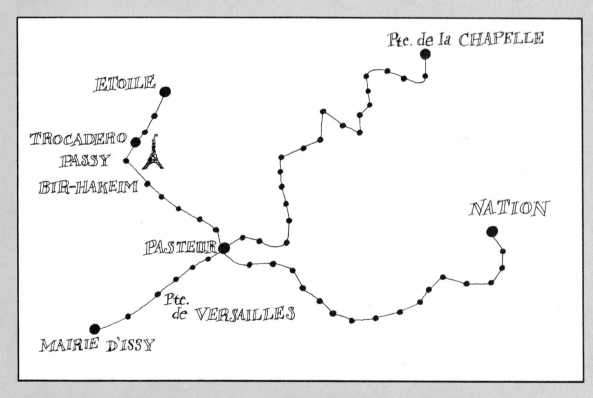

Imagine you are in Paris. You board the Métro at Porte de
Versailles in order to visit the Eiffel Tower (which is close to
the three stations Bir-Hakeim, Passy, and Trocadéro). Write
out in French how you would get to one of these stations.

25 Allô!

▣ Je peux téléphoner d'ici?

Theresa veut téléphoner à sa correspondante
pour lui expliquer qu'elle a manqué
l'autobus, et qu'elle va rentrer plus tard que
d'habitude. Il n'y a pas de cabine
téléphonique dans la rue. Il pleut, et elle ne
veut pas aller en chercher une dans les rues
voisines. Elle va donc dans un café
demander si elle peut téléphoner de là...

1 Why does Theresa want to phone her
  correspondent?
2 Why does she go to a café to phone?
3 Where is the phone in the café?
4 What sort of change will she need?
5 What money has she got on her?
6 What does she order to get her note
  changed?

Au bureau de poste

Imagine that you wish to phone home from a post office in
France. Using the following dialogue as a model, and
changing the details in italics, work out what you would say:

— Je voudrais téléphoner en *Angleterre*, s'il vous plaît.
— Quel numéro vous voulez?
— Le *30.68.34* à *Huddersfield*.
— Comment ça s'écrit?
— *H-U-D-D-E-R-S-F-I-E-L-D*.
— Vous savez quel en est l'indicatif?
— Oui, c'est le *0484*.
— Très bien...C'est la cabine numéro un.
— Merci bien.

◪ Practise this dialogue in pairs, using your own telephone
numbers, exchanges, and codes.

▲ The following expressions will be useful when making a
phone call in France:

Vous avez le téléphone ici?/Je peux téléphoner d'ici?			
Je voudrais téléphoner	en Angleterre (en p.c.v.) au Pays de Galles en Ecosse en Irlande du Nord à Glasgow, *etc.*	Je voudrais | parler à...(?) Je peux C'est de la part de... Mon numéro de téléphone est le Tu peux me téléphoner au	23.45.67, *etc.*

Using the telephone

What do we have to do?

Imagine that you are in France with someone who doesn't understand any French. Read these instructions and then explain to him/her how to use the phone.

NOTICE DE FONCTIONNEMENT DE CET APPAREIL

L'APPAREIL REÇOIT DES PIECES DE ½ F, 1 F ET 5F

1 Consultez la carte de taxation ci-contre et préparez votre monnaie.
2 Décrochez le combiné, attendez la tonalité.
3 Appelez votre correspondant.
4 AU SIGNAL SONORE, INTRODUISEZ AU MOINS LE MINIMUM INDIQUÉ SUR LA CARTE DE TAXATION.

SI LE SIGNAL RÉAPPARAIT EN COURS DE CONVERSATION, INTRODUISEZ DE NOUVELLES PIÈCES.

CRÉDIT

TAXES TÉLÉPHONIQUES

TAXES A PAYER

NOTA : Surveillez votre crédit sur l'indicateur de taxes placé sous le cadran.

ATTENTION, L'APPAREIL NE RESTITUE PAS LES PIÈCES NON UTILISÉES

Qu'est-ce qu'ils disent?

Here is a telephone conversation between a French girl and her friend's mother. Unfortunately the parts have become mixed up! Can you unscramble them to make a proper dialogue? (There are several possibilities and sometimes one person may say more than one sentence at a time.)

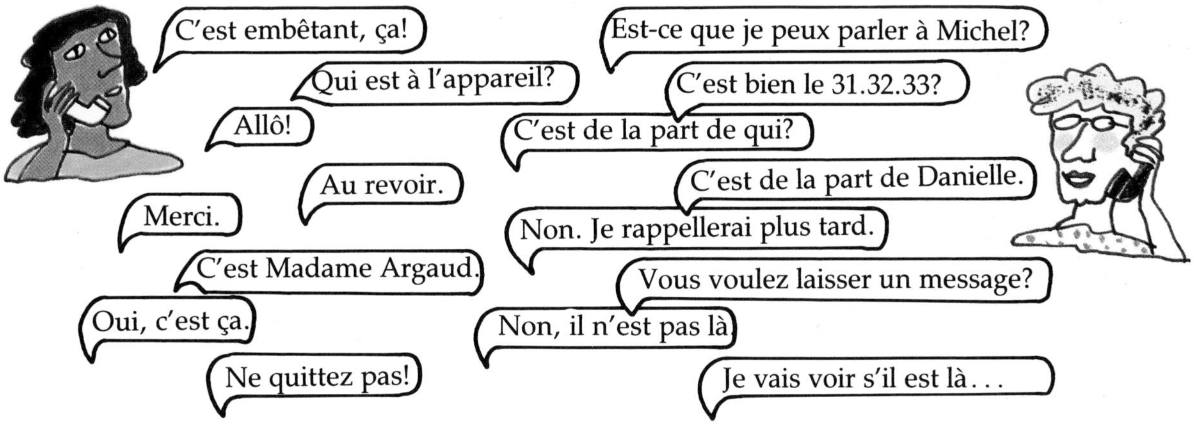

C'est embêtant, ça!
Est-ce que je peux parler à Michel?
Qui est à l'appareil?
C'est bien le 31.32.33?
Allô!
C'est de la part de qui?
Au revoir.
C'est de la part de Danielle.
Merci.
Non. Je rappellerai plus tard.
C'est Madame Argaud.
Vous voulez laisser un message?
Oui, c'est ça.
Non, il n'est pas là
Ne quittez pas!
Je vais voir s'il est là...

Play out a dialogue in which a British person explains to a French person how to use a British public phone. You will need these expressions:

décrocher le combiné/le récepteur
attendre la tonalité
composer le numéro de | ton correspondant
                 | ta correspondante
insérer/introduire une pièce de 10p/20p/50p

Your conversation should develop like this:

A D'abord il faut/tu dois...
Puis il faut/tu dois...
Ensuite il faut/tu dois...

B Et puis?
Et qu'est-ce que je fais ensuite?
Et après ça?

A Après ça | il faut/tu dois...
Quand on répond |
Au signal sonore |

G 1f, 42a, 54

26 Quel temps fait-il?

Ecoutons la météo

— Papa, on va toujours à la campagne aujourd'hui?
— J'espère que oui, mais ça dépend du temps. Ce n'est pas
la peine d'y aller s'il pleut. Écoutons la météo...

1 Where is the family planning to go?
2 What does the father say about the trip?
3 What weather is forecast for the morning?
4 How will it change during the course of the day?
5 What will the weather be like the next day?
6 When would you recommend them to make the trip?

La météo

Quand vous lisez la météo dans un journal français pour la
première fois, ça paraît compliqué! Quand vous l'entendez à
la radio ou à la télé, c'est souvent difficile à comprendre.
Voici quelques mots-clef qui vous seront utiles:

chaud/soleil/beau (belle)/éclaircie(s)

froid

nuages/nuageux/ couvert

pleuvoir/pluie/ pluvieux/mauvais/ averses/crachins

neige

geler/verglas

brouillard/brume/ brumeux

vent(s)/brise(s)

orage/éclairs/ tonnerre

fort(e)(s)

modéré(e)(s)

faible(s)

bas(se)(s) en baisse

haut(e)(s) en hausse

▲ These expressions will be useful for talking about the
weather in the past, present, and future:

Infinitive		Past hier/avant-hier, etc.		Present en ce moment/ aujourd'hui, etc.		Future demain/ après-demain, etc.	
faire	mauvais beau chaud/froid du brouillard	il a fait	mauvais beau chaud/froid du brouillard	il fait	mauvais beau chaud/froid du brouillard	il va faire	mauvais beau chaud/froid du brouillard
pleuvoir		il a plu		il pleut		il va pleuvoir	
neiger		il a neigé		il neige		il va neiger	
geler		il a gelé		il gèle		il va geler	
y avoir du vent, etc.		il y a eu du vent		il y a du vent		il va y avoir du vent	

Comment c'était là-bas?

Write to your pen-friend, telling him/her about a long weekend you spent with one of your relations recently. Base this on the following 'diary':

e.g. Je suis arrivé(e) vendredi. Il a fait très beau et nous sommes allés à la plage...

▪ Ça dépend du temps qu'il fait!

Here are five short dialogues. Listen to them and find out **a** what weather conditions are being spoken about, and **b** what the people are going (or not going) to do because of them.

Tu as vu ça?

Here are some newspaper headlines about freak weather conditions. Work out what they are:

▪ Dans notre région...

Listen to these three people speaking about where they live. Number the speakers 1–3 and jot down as much information as you can.

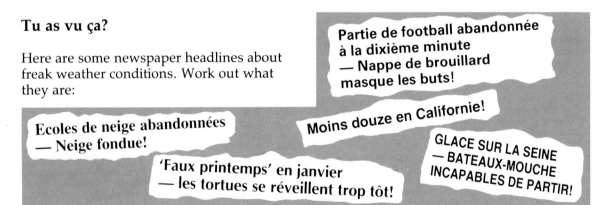

Partie de football abandonnée à la dixième minute — Nappe de brouillard masque les buts!

Moins douze en Californie!

GLACE SUR LA SEINE — BATEAUX-MOUCHE INCAPABLES DE PARTIR!

Ecoles de neige abandonnées — Neige fondue!

'Faux printemps' en janvier — les tortues se réveillent trop tôt!

Play the parts of **A** a British guest and **B** his/her French correspondent. Discuss what you are going to do today, tomorrow, etc., if there are certain kinds of weather. Base your conversations on the following model:

A: Qu'est-ce qu'on va faire aujourd'hui/ ce matin/cet après-midi/ce soir/demain/ après-demain/ lundi (soir), etc./au weekend?

B: Ça dépend. S'il | fait beau | on va...
                | pleut, etc. | on peut...
                | | on pourrait...

Et maintenant à toi!

Answer the following letter extract in French:

toute la famille.
Chez nous il pleut depuis une semaine.
C'est vraiment casse-pieds! Et chez toi?
Dans ta prochaine lettre parle-moi un peu du climat de la région que tu habites.
Quel temps fait-il au printemps, en été etc?
Est-ce qu'il neige toujours à Noël?

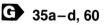

G 35a–d, 60

27 En route

On fait du stop

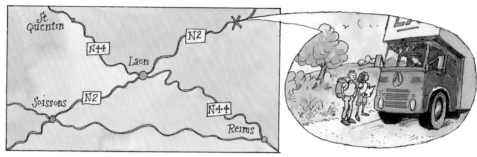

Voici deux jeunes autostoppeurs
britanniques qui voyagent en France. Il ont
de la chance; un chauffeur de camion, un
routier, s'arrête pour eux. Ecoutez leur
conversation...

Answer these questions about the
conversation:

a 1 What town are the hitch-hikers heading
for?
2 Where is the driver going?
3 Where does he say he'll drop them off?
4 How far is this from their destination?

b 1 What does the driver ask them first of all?
2 When did he come over to England?
3 Where in England did he go?
4 How did he travel?
5 How long did he stay?
6 What does the girl ask him about
driving in Britain?
7 What does he say about this?
8 How much longer are the hitch-hikers
staying in France?

▲ The following expressions will be useful for telling someone
what he/she should/shouldn't do and what he/she must
do/isn't allowed to do:

Tu devrais Vous devriez	attendre, *etc.*	Tu ne devrais pas Vous ne devriez pas	attendre, *etc.*
Il faut attendre, *etc.*		Il est | défendu interdit n'est pas permis	d'attendre ici, *etc.*

Practise a series of dialogues between a
motorist and a hitch-hiker based on these
illustrations; **a** represents where you are, **b** is
where the motorist is going, **c** is where the
hitch-hiker wants to go.

These phrases will be useful:

Vous | allez (jusqu') à...?
| passez par...?

Non, mais je | vais (jusqu')à...
| passe par...

C'est sur votre chemin.

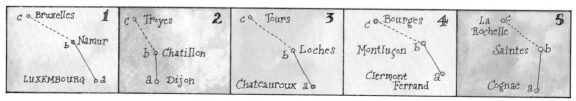

Hitch-hiking and travelling by road

Qu'est-ce que ça veut dire?

a Imagine you are driving in France with your family or friends who don't understand any French. What instructions would you give them if you came upon these signs?

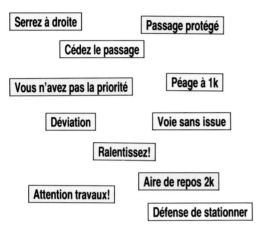

Serrez à droite	Passage protégé
	Cédez le passage
Vous n'avez pas la priorité	Péage à 1k
Déviation	Voie sans issue
	Ralentissez!
	Aire de repos 2k
Attention travaux!	
	Défense de stationner

b Now imagine you are travelling in Great Britain with a French family who don't speak English. Using the structures given above, deal with the following problems:

Tell the driver he/she . . .

1 should slow down.
2 is not allowed to park here.
3 must be careful.
4 should buy petrol here (it's cheaper!)
5 should park in this street.
6 must carry on for 100 metres.
7 must turn left.
9 should keep to the right-hand lane.
10 should take the motorway.
11 should leave the motorway soon.

> ralentir
> stationner
> serrer à droite
> continuer
> tourner à gauche
> faire attention
> acheter de l'essence
> prendre ⎫ l'autoroute
> quitter ⎭

C'est permis? C'est défendu?

a Imagine that a French pen-friend has written to you explaining what the regulations are in France concerning mopeds, motor cycles, etc. Read this extract from the letter and find out the information asked for below:

> lettre.
>
> En France, on a le droit de conduire les cyclomoteurs jusqu'à 50 cm³ (avec pédales obligatoires, vitesse limitée à 45 km/h, casque obligatoire pour le conducteur et conseillé pour le passager) dès l'âge de 14 ans sans permis.
>
> Le permis AL est délivré à 16 ans pour les motos légères de 50 à 80 cm³ et à 17 ans pour celles de 80 à 125 cm³. Pour les motos de plus de 125 cm³, il faut avoir le permis A qui n'est délivré qu'à 18 ans. (Le permis B, également délivré dès l'âge de 18 ans, est pour les voitures.)
>
> Pour tous les deux-roues de plus de 50 cm³, l'assurance, la plaque d'immatriculation et le casque (pour le passager ainsi que pour le conducteur) sont obligatoires. Si tu

1 What are the regulations for machines of 50cc and under?
2 And for those of 50cc–125cc?
3 And for those above 125cc?
4 And for driving a car?
5 What regulations apply to all machines over 50cc?

b Write back to your friend, explaining what the regulations are in Great Britain. You will find all the necessary words and phrases in the letter above.

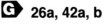 **26a, 42a, b**

28 A l'auberge de jeunesse

A la réception

Listen to a group of young British people arriving at a French youth hostel and answer these questions:

1 How many girls and boys are there?
2 What does the warden ask them for?
3 How long do they want to stay?
4 What do they need to hire?
5 Which meal(s) do they want at the hostel?
6 What arrangements will they make about the other meal(s)?

▲ The following expressions will be useful for booking in at a youth hostel and for discussing where rooms are in the building:

Vous avez des places libres?				
Nous sommes	un garçon	et	une fille	
	deux garçons		deux filles, *etc.*	

Nous voulons rester une nuit/deux nuits, *etc.*			
Où est le..... la...... l'......	?	Il est Elle est Ils sont Elles sont	au sous-sol. au rez-de-chaussée. au premier étage. au deuxième étage, *etc.*
Où sont les......			

Elle est ouverte ou fermée?

En règle générale les Auberges de Jeunesse sont ouvertes de 7h30 à 10h00 et de 17h00 à 22h00 l'hiver et 23h00 l'été. Horaires différents pour Paris: 6h00 à 2h00 matin — Choisy-le-Roi: 7h00 à 2h00 matin — Rueil-Malmaison 7h30 à 1h00 matin.
Certaines AJ sont fermées un jour par semaine pour repos hebdomadaire. Il est prudent de s'en informer en téléphonant à l'auberge préalablement.
Les couples et familles peuvent également être accueillis dans certaines AJ. Il est cependant vivement recommandé de contacter préalablement les AJ pour s'assurer de cette possibilité (d'autant plus facile en dehors des périodes de vacances scolaires) avant de réserver.

Read this information about French youth hostels. Then:

a summarize the information,
b prepare two telephone calls to check up on the two final points mentioned.

Qu'est-ce que ça veut dire?

What do these signs and notices mean?

Il est strictement interdit de fumer
dans les dortoirs

Vous pouvez déposer objets de valeur,
argent, etc. à la réception

Jetons pour machines à laver
vendus à la réception

Avez-vous oublié quelque chose?

Pas de bruit après
22h00 s.v.p.

Bureau de change
ouvert de 9h00 à 10h00
et de 18h00 à 19h00

Tous les visiteurs doivent
se présenter à la réception

Vélos à louer:
renseignez-vous à la réception!

Location de sacs de couchage
et couvertures
de 1 à 7 nuits 10F

On est fermé le lundi
(repos hebdomadaire)

Play the parts of **A** the youth hostel warden (le père aubergiste), **B** a series of visitors. Develop a number of dialogues in which **A** asks where various rooms and facilities are, and **B** gives the information. Base your dialogues on this illustration:

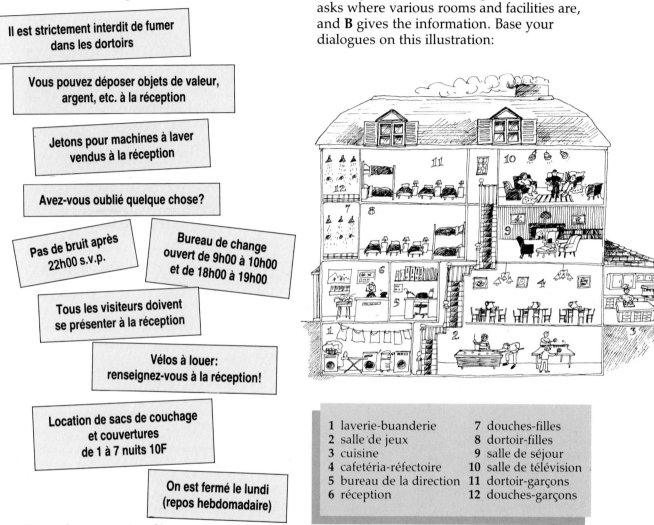

1 laverie-buanderie	7 douches-filles
2 salle de jeux	8 dortoir-filles
3 cuisine	9 salle de séjour
4 cafétéria-réfectoire	10 salle de télévision
5 bureau de la direction	11 dortoir-garçons
6 réception	12 douches-garçons

Et maintenant à toi!

Write a letter to a French youth hostel using the following as a model:

Monsieur,

Mon copain
Ma copine   } et moi serons de passage dans votre [ville [ce(t) ...1....]
Mes copains/copines]   [région [au mois de]_2_.] et
                                                                     [d']

espérons pouvoir passer __3__ nuit(s) dans votre AJ. Pouvez-vous nous réserver des
[places pour [la nuit du _4__] ? Nous serons _5_ garçon(s) et _6_ fille(s).
[lits   [les nuits [du _4_ et _4_]
                          [du _4_ au _4_]

Avec tous mes remerciements,
___7___

1 saison	5 nombre de garçons
2 mois	6 nombre de filles
3 nombre de nuits	7 signature
4 date(s)	

77

G 10c, 55, 57, 59

29 A l'hôtel

🎧 Quelle chance!

Listen to this man phoning the Hôtel Continental in Brest and answer the following questions:

1 When does the man want to come to the hotel?
2 How many rooms does he require?
3 What sort of rooms?
4 How long does he intend to stay?
5 How much will the rooms cost?

Comment est l'hôtel?

Look at this information about the Hôtel Continental and answer the questions:

CLASSEMENT DES HÔTELS

**** L : Hôtel hors classe. Palace
**** : Hôtel très grand confort.
*** : Hôtel de grand tourisme, grand confort.
** : Hôtel de tourisme, bon confort.
* : Hôtel de moyen tourisme, confort moyen.

LES PRIX SONT INDIQUÉS EN FRANCS FRANÇAIS

Les hôtels sans ascenseur ont généralement leurs chambres d'un accès facile ou même de plain-pied.
REDUCTION HORS SAISON: Tous les hôtels consentent des réductions appréciables. Écrivez-leur.
CHAUFFAGE CENTRAL: Dans tous les hôtels.
AGENCE DE VOYAGES: Tous les hôtels travaillent avec les Agences à l'exception de quelques établissements de faible capacité.

LÉGENDE DES ABRÉVIATIONS

⊗ = Garage   T.A. = Toute l'anée
⊘ = Chiens admis   ♀ = Jardin
Ⓐ = Ascenseur   ⚫ = Tennis
H = Chambres accessibles aux   ▱ = Piscine
handicapés physiques   Ⓟ = Parking

LOCALITES HOTELS-ADRESSES CONFORT	Téléphone	Ouverture	Nbre de chambres	PRIX		Demi-pension
				Chambre mini/ maxi	Pension mini/ maxi	
**** NOVOTEL ● Tx 940 470 ZAC DE KERGARADEC ⊗♀Ⓟ⊘H	02.32.83	T.A.	85	250/296		
*** H. CONTINENTAL ● Tx 940 575 SQUARE DE LA TOUR D'AUVERGNE Ⓐ⊘H	80.50.40	T.A.	76	175/240	250/380	*

NOS POINTS FORTS:

Une soirée jazz a lieu chaque jeudi jusqu'à 2 h du matin, dans le cadre original et luxueux du bar Belle Epoque. Notre restaurant gastronomique propose des menus pour gourmets et, dans nos salons, nous organisons vos cocktails, lunchs et dîners de fête. Avec en plus, le grand avantage d'un emplacement en plein centre de la ville, à deux pas des cinémas, théâtres et boutiques.

SITUATION: En plein centre de ville en face d'un square calme et fleuri. Un emplacement agréable qui permet de visiter la ville sans prendre son véhicule. Proche des gares et des ports.

CONFORT DES CHAMBRES: Belle décoration fonctionnelle et classique. La plupart des chambres avec bains ou douches et wc privés. Certaines ont un balcon ou une terrasse avec vue agréable sur le square et sur la mer. Téléphone direct réseau, télévision et certaines avec télévision couleur.

AGRÉMENTS DE L'HÔTEL: Ascenseur, bar, piano-bar, 6 salons, billiard. Parking pour voitures à 5 m. Garage pour voitures et stationnement pour autocars à 50 m. Chiens admis à l'hôtel et au restaurant. Change. Cartes de crédit : Diners Club, American Express, Visa Carte Bleue, Access, Eurocard, Master.

RESTAURANT: 1 salle pour 250 couverts. 5 salons de 10 à 35 couverts. Tres vaste salle au décor moderne, sono, piste de danse. Cuisine classique.

1 When are they open?
2 Has it got central heating?
3 Any chance of a reduction?
4 What sort of rooms do they offer?
5 What sort of entertainment do they offer?
6 What about parking?
7 What about meals?
8 What's the view like from the hotel?
9 Where in the town is the hotel?
10 Why is this an advantage?
11 What should dog owners note?
12 Why is 2 o'clock (2h) mentioned?

▲ The following expressions will be useful when booking into
a French hotel:

Vous avez des chambres libres?	
Je voudrais (réserver) une chambre	pour une/deux personne(s).
	avec douche/salle de bain/WC.
	avec demi-pension/pension complète.

A la réception

A hotel receptionist has a busy time! Listen
to this one dealing with six visitors. Jot down
in each case **a** what the query/problem is, **b**
how the receptionist replies/deals with the
problem.

Take turns to play the roles of **A** the
receptionist in a British hotel, **B** a French-
speaking visitor arriving at the hotel. The
memo pad indicates the visitors expected
today and the rooms/floors allocated to
them.

Albany Hotel

M.& Mme J. Dupont
Rm 6 (Ground floor)
Mme Y. Laporte
Rm 110 (4th floor)
M. A. Delarue
Rm. 28 (1st Floor)

Your dialogues should develop thus:
B gives name.
A welcomes him/her and makes polite
conversation (health of visitor/good journey/
weather).
B reacts to polite conversation.
A tells him/her room number and floor and
hands over key; asks whether he/she
requires meals.

B says which meals are required and asks
time of same; makes further enquiries
(French papers/stamps/changing money/
telephone).
A answers queries; deals with visitor's
luggage.

Et maintenant à toi!

Write an imaginary letter to a French hotel,
booking accommodation for your family. Use
the following model, putting in details which
suit your own family:

```
                              __1__
                              __2__

    Monsieur,
        Pourriez-vous [ me   ] réserver
                      [ nous ]
    __3__ chambre(s) __4__ du
    __5__ au __6__
        Je vous prie d'agréer, monsieur,
    l'expression de mes meilleurs
    sentiments,
                    __7__
```

1 ton adresse
2 la date
3 nombre de chambres
4 détails de la chambre
5&6 dates du séjour
7 ta signature

79   🄶 36b, 55

30 Au terrain de camping

Cherchons un terrain de camping

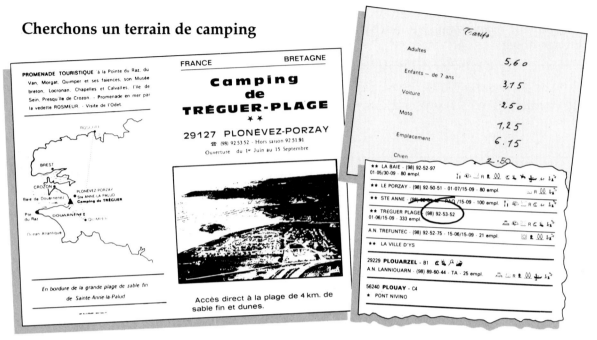

Imagine that your family is thinking of staying at Camping de Tréguer-Plage. Answer these questions about the campsite from the information given in the brochures above:

1 Which area of France is this campsite in?
2 How many pitches has it got?
3 When is it open?
4 Why is the telephone number 92.51.91 given?

5 How far is it to the nearest beach?
6 What is this beach called and what sort of beach is it?
7 How much would you have to pay for
   a your pitch, **b** two adults, **c** a motorbike, **d** a dog, **e** your car, **f** your 5-year-old brother?
8 What facilities does the site offer?
9 What outings can be made in the area?

Qu'est-ce qu'il y a au camping?

Here are a number of symbols taken from a list of campsites. Match them up with the facilities they represent:

Réservations   Plage   Tennis

   Piscine   Centre équestre   Golf

Alimentation   Bord de rivière

   Location de vélos   Jeux pour enfants

Location de caravanes   Sports nautiques

Toute l'année   Restaurant ou plats cuisinés

Pêche en rivière   Prise d'eau pour caravanes

Branchement électrique pour caravanes

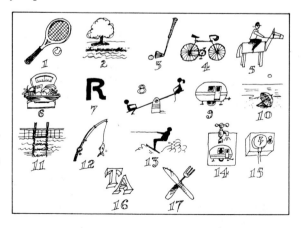

A la réception

Listen to these people arriving at a campsite and answer the questions:

1 What accommodation and transport has the family got?
2 What details do you learn about the family?

3 Why are the children's ages important?
4 How long do they intend staying?
5 What is the number of their pitch?
6 Who is Victor and why is he called?

▲ The following expressions will be useful when booking in at a campsite:

Vous avez Il vous reste	encore de la place pour	une tente? une caravane?	

Nous sommes On est	un(e) adulte deux adultes,	et	un(e) enfant. deux enfants.	Nous avons On a	une voiture(s). deux moto(s), *etc.*

Nous voulons On veut	rester	une deux	nuit(s), *etc.*

Vous avez de la place?

Work out what the following people would say when booking in at a campsite:

Make up a series of dialogues in which you play **A** a campsite owner and **B** a series of visitors.

The dialogues should develop like this:

A & B exchange greetings.
B States what is required.
(**A** might need to prompt with questions like 'Vous êtes combien?'/'Tente ou caravane?'/ 'Vous voulez rester combien de nuits?')
B could ask about facilities at the campsite:
'Il y a | un(e)...... | au camping?'
     | des...... | ici?'

A could answer
either 'Oui, (bien sûr) il y en a (un(e)).'
or 'Non, (malheureusement) il n'y en a pas.'

 35, 36b

Réservons une place

Using this model, write a letter to a campsite:

Monsieur,   le ___(1)__
Pourriez-vous | nous | réserver ___(2)__ pour ___(3)__
            | me |
| pour la nuit du ___(4)__ |
| du _____ au _____ . | Nous serons ____(5)
et aurons ____(6)_____ .

Je vous prie d'agréer, monsieur, l'expression de mes sentiments les meilleurs,
              ___(7)___

1 date?
2 combien d'emplacements?
3 tente(s)? caravane(s)?
4 date(s) du séjour?
5 combien d'adultes/d'enfants?
6 combien de voitures/de motos?
7 signature

Révision E

Quel temps il va faire?

Chaud, devenant orageux

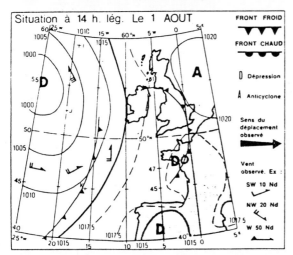

AUJOURD'HUI. – Après dissipation des bancs matinaux de brouillard, le temps sera d'abord ensoleillé. En cours d'après-midi il deviendra progressivement très nuageux par le S.W., des averses et des orages se produiront par place. Les vents seront faibles et variables. Les températures, sans grands changements, auront des maximums de 20° à 23° sur le littoral, de 24° à 27° dans l'intérieur.

Couvert, devenant ensoleillé

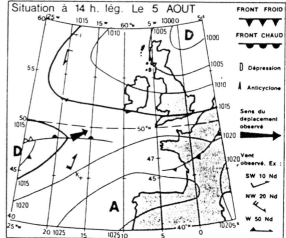

AUJOURD'HUI: Le matin le ciel sera couvert et quelques crachins se produiront en Bretagne et en Normandie. L'après-midi les passages nuageux resteront importants sur le nord du Finistère et le nord du Cotentin: ailleurs de larges éclaircies se développeront et le soleil fera de belles apparitions. Les vents modérés passagèrement assez forts sur les côtes souffleront du sud-ouest. Les températures en légère hausse auront des maximums de 21° à 23° sur le littoral, de 24° à 27° dans l'intérieur.

Beau temps nuageux

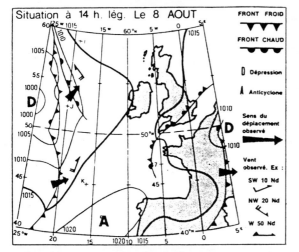

AUJOURD'HUI: Les brumes locales formées en fin de nuit, se dissiperont rapidement et les éclaircies assez belles du matin laisseront place progressivement l'après-midi à un temps plus nuageux. Les températures seront comprises entre 20° et 25° des côtes vers l'intérieur. Les vents seront faibles.

a Look at these three weather forecasts and work out what weather you can expect on these days. If you were on holiday, what would you recommend your family should do on the days in question?

b Use the forecasts as the basis for three dialogues in French which develop thus:

A asks what the forecast is.
B says what the weather is going to be like.
A and **B** discuss what they are going to do, what they should wear/take with them.

▊ Météo

Listen to the following radio weather forecasts and jot down as much information as you can.

Je suis désolé!!

Read this letter from a French hotel received by a British couple:

Chers M. et Mme Adams,

Nous vous remercions de votre lettre du 6 courant.

Malheureusement il ne nous est pas possible de vous offrir une chambre avec salle de bain et WC du 30 juillet au 16 août. Il ne nous reste qu'une chambre avec douche et lavabo.

C'est une chambre extrêmement confortable et il y a un WC tout à côté.

Je vous retiendrai cette chambre pour une dizaine de jours en attendant votre réponse.

a What do you think they wrote in their original letter? What is the gist of the reply?

b Write a letter in French to which this could be the reply. Write a letter in French in which you accept the accommodation offered.

C'est une affaire!

Give the gist of these ten reasons for joining the Youth Club Federation:

10 BONNES RAISONS POUR ADHERER A LA F.U.A.J. . . .
puisque la carte d'Auberge de Jeunesse, c'est:

1 ● la possibilité d'utiliser en FRANCE UN RESEAU UNIQUE de plus de 200 A.J. où se rencontrent des jeunes de tous les pays

2 ● l'accès à plus de 5.000 A.J. réparties dans près de 55 pays

3 ● la CARTE FRANÇAISE INTERNATIONALE, reconnue par toutes les associations d'Auberges de Jeunesse affiliées à la Fédération Internationale des Auberges de Jeunesse (International Youth Hostel Federation/I.Y.H.F.)

4 ● une carte utilisée comme licence de camping (munie de la vignette F.F.C.C. en supplément)

5 ● obtenir des réductions dans certaines A.J., ex. piscines, musées, festivals, concerts, etc. . . tant en France qu'à l'étranger

6 ● la possibilité de voyager dans le monde entier de manière économique

7 ● pouvoir participer, été comme hiver, à de nombreux stages d'activités sportives, culturelles, voyages à l'étranger, etc. . .

8 ● une assurance qui couvre les activités de loisirs pratiquées dans les A.J.

9 ● une information que t'envoie la Fédération sur toutes les activités qu'elle propose, et qui est également à ta disposition dans les A.J. et autres "Points d'Information" comme les CIDJ, CROUS, Syndicats d'Initiative, Offices de Tourisme, etc. . .

10 ● la possibilité de participer à la vie de l'association, soit au niveau des A.J. soit au niveau des Associations Départementales

Adhérez!

Read this letter from the United Federation of Youth Clubs:

CENTRE NATIONAL 6 RUE MESNIL, 75116 PARIS-TEL.261.84.03-TELEX 611 129 F

Paris, le (date de la poste)

objet: Demande d'adhésion aux Auberges de Jeunesse:

Cher Ami,

Pour répondre à ta demande, dans la mesure où il n'y a pas d'Association d'Auberges de Jeunesse dans ton pays, nous t'informons que le prix de la carte de membre pour les jeunes étrangers, de passage ou souhaitant séjourner en France, est de 100 FF.

Nous pouvons délivrer cette carte contre paiement de la somme citée ci-dessus, en coupons réponse internationaux uniquement.

Tu pourras acheter ces coupons dans n'importe quel bureau de poste de ton pays.

Toutefois, une autre solution t'est proposée: c'est de te procurer la carte dès ton arrivée en France dans la première Auberge de Jeunesse où tu t'arrêteras.

Enfin, et en dehors du problème du paiement de cette carte, nous te rappelons ci-après les pièces à fournir:

- 1 Photo d'identité (avec nom et prénom au dos)
- Fiche d'Etat Civil ou justificatif d'identité
- Bulletin d'adhésion dûment complété et signé
- + 40 coupons réponse internationaux (soit 100 FF.)

En France, la carte te sera délivrée sur présentation d'une pièce d'identité et de la somme de 100 FF.

Crois, Cher Ami, à nos sentiments les meilleurs,

Service Loisirs-Voyages - F.U.A.J.

a What do you think was in the original letter? What is the gist of this reply?

b Write a letter in French to which this could be the answer. Write a covering letter to accompany the application form (see p. 149 of Teacher's Manual).

Châtenay-Malabry

Here is an information sheet issued by the Youth Hostel at Châtenay-Malabry, just outside Paris. Read it carefully and then jot down as much information as you can under these headings:
a Sleeping accommodation **b** Cooking arrangements **c** Meals provided **d** Prices **e** Times **f** Getting to the hostel by road **g** Getting to the hostel by public transport

Châtenay-Malabry
AUBERGE de JEUNESSE

Cette petite Auberge (36 lits) est située à 7 km au sud de Paris (13 km de Notre-Dame), dans une petite ville universitaire et résidentielle, à proximité du Parc de Sceaux et du Bois de Verrières. On peut y faire sa cuisine (aucun repas n'y est préparé).
Les deux dortoirs sont mixtes.
Horaires : salles communes et dortoirs sans interruption.
Accueil : de 18 H à 23 H.
Accès par la route : Porte d'Orléans, N 20 jusqu'à Croix de Berny puis N 186 direction Versailles, sortie Châtenay-Malabry, AJ près Viniprix.
Accès par métro/bus : RER B jusqu'à Robinson, puis bus 198 A (arrêt Cyrano de Bergerac) ou métro jusqu'à Porte d'Orléans, puis bus 195 (arrêt Cyrano de Bergerac).
Prix : 28 F, camping : 14 F.

Points d'Accueil Jeunes

Read this extract from a brochure issued by the **Ministère du Temps libre, de la Jeunesse et des Sports**, and answer the questions below:

1 What do these **PAJ** provide?
2 Who do they provide this for?
3 What are the conditions for using this service?

Write a letter to the Centre d'Information Jeunesse in Paris (101 Quai Branly, 75740 Paris) asking for further information about the **Points d'Accueil Jeunes**; in particular, how many there are and where they are situated.

**campez jeune!
de PAJ en PAJ**

Les P.A.J.

■ Un espace pour camper.
■ Des installations sanitaires et éventuellement un abri.
■ Un accueil en début de matinée et en fin d'après-midi.

Pour qui ?

■ Les jeunes randonneurs à partir de 13 ans, seuls ou en groupes, pour une durée de cinq nuits maximum. Les groupes de plus de dix ne sont pas admis.
♿ Certains P.A.J. sont accessibles aux handicapés (s'adresser aux directions départementales).

Conditions d'accueil

■ Prix modique (5 F la nuit en moyenne par personne).
■ Assurance responsabilité civile obligatoire.

Informations complémentaires

■ Auprès des directions départementales Temps libre, Jeunesse et Sports concernées, des C.R.I.J. (cf. listes jointes), des offices ou comités touristiques, des syndicats d'initiative, etc.

Ministère du
de la Jeunesse

31 Tu t'amuses ici?

Séjour en Angleterre

Yves is staying in England. Here is his letter to his parents.
Obviously he is having a good time!

Chers papa et maman,
Ça fait cinq jours que je suis ici. C'est formidable ! Je m'amuse
beaucoup. Toute la famille est très sympa. Mr Walker est extrêmement
drôle – il plaisante tout le temps. Mrs Walker est une excellente
cuisinière – les repas sont vraiment délicieux ! David, mon correspondant,
est très gentil. Ils ont un petit chien, sandy, qui est vraiment
mignon. Ma chambre est bien confortable.
On a fait beaucoup de choses depuis que je suis ici. Je suis allé
au foyer des jeunes, au cinéma et à la piscine. La ville est très jolie.
Vendredi dernier je suis allé au collège avec David. Il est tout
moderne et tout y est propre. Les profs étaient accueillants et les élèves
très amicaux.
                    Je vous embrasse
                         Yves

a Give the gist of all the good things Yves is saying about his stay.

b Imagine he was having a terrible time. Write the sort of letter he might have written then! The following words may be

useful: méchant(e), casse-pieds, mauvais(e), dégoûtant(e), égoïste, désagréable, vieux/vieille, sale, ennuyeux/ennuyeuse, horrible, affreux/affreuse

▲ The following expressions will be useful for talking about the length of your stay and whether you have been to France before:

| Je suis ici depuis hier/deux jours/une semaine, *etc.* |
| Ça fait deux jours/une semaine, *etc.* que je suis ici. |
| Je reste encore deux jours/une semaine, *etc.* |
| Je pars aujourd'hui/demain (matin)/dans deux jours/samedi, *etc.* |

| C'est la | première deuxième troisième | fois que je | suis viens | ici. en France. |

▲ The following expressions will be useful for saying how much you are, or are not, enjoying your stay:

Je m'amuse ici!	Je m'ennuie ici!
Je passe un bon moment ici!	Je suis (un peu/très) déçu(e)!
C'est	formidable	ici! chouette	C'est	ennuyeux! casse-pieds!
Ça me plaît (assez/bien/beaucoup)!	

Ça se passe bien le séjour?

In these dialogues, five British youngsters are being asked about their stay in France. Copy out the grid opposite and write down the information asked for.

How long has he/she been here?	When is he/she leaving?	How many times has he/she been here?	What is his/her impression?
1			

Les dates du séjour

How would the British youngsters below answer the following questions:

Depuis quand es-tu en France? Tu es arrivé(e) quand?
Tu restes encore combien de temps? Tu pars quand?

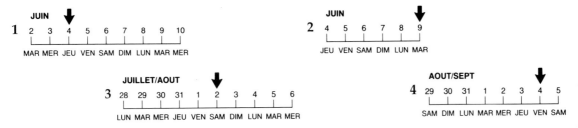

A mon avis...

Read these comments on Great Britain made by French people.
Say whether you agree with them, using:

Je suis d'accord.   *or*   **Je ne suis pas d'accord.**
C'est vrai, ça.   **C'est faux, ça.**

Then give your reasons.

1 Des frites ... des frites ... Ils ne mangent que ça!

2 Du thé ... du thé ... Ils ne boivent que ça!

3 Les garçons sont très égoïstes!

4 Les filles sont très snobs!

5 Il y a des grafitti partout!

6 Le soir, ils ne font que regarder la télé!

Play the parts of **A** a French person and **B** a British visitor.

A should ask **B** the following questions:

— How long he/she has been in France.
— If it's his/her first visit (C'est ta première visite?/
  C'est la première fois que tu es en France?)
— When he/she is leaving or how much longer he/she is staying.
— Whether he/she is enjoying his/her stay.
B should answer.

 9, 10, 39a, c

32 Qu'est-ce que tu as?

A la pharmacie

Listen to this dialogue which takes place in a chemist's, and answer the following questions:

1 What has the man come to the chemist's for?
2 What has caused his problem?
3 What does the chemist offer him?
4 What symptoms does the chemist mention?
5 What advice does the chemist give him?

Ouvert ou fermé?

Services pharmaceutiques.

- **Pharmacie de garde.**
  La liste des pharmaciens de garde est fournie par toutes les pharmacies et par les commissariats et postes de police.
- **Pharmacie ouverte 24 heures sur 24** (dimanches et jours fériés compris) :
  Pharmacie « Les Champs », galerie des Champs, 84, avenue des Champs-Elysées (8ᵉ). Tél. 562-02-41.
- **Pharmacie ouverte de 8 h 15 à 1 h 30 du matin** (dimanches et jours fériés de 20 heures à 1 h 30 du matin) :
  Pharmacie « Opéra », 6, boulevard des Capucines (9ᵉ). Tél. 265-88-29.

1 Where can you get a list of late-night chemists?
2 What is special about the Pharmacie 'Les Champs'?
3 What are the opening hours of the Pharmacie 'Opéra'?

▲ The following expressions will be useful for asking for things at the chemist's:

Vous avez quelque chose	pour	le rhume, la grippe, la diarrhée,	(?)
Qu'est-ce que vous avez	contre	la constipation, une piqûre, une brûlure, *etc.*	
Je voudrais		du shampooing, du savon, du coton hydrophile,	
Est-ce que vous avez		du sparadrap, de la crème antiseptique,	(?)
		des mouchoirs en papier, un tube de dentifrice, *etc.*	

Qu'est-ce qui ne va pas?

This French girl is not feeling well. Listen to her explaining what is wrong to her English host's mother. Jot down:

a what her symptoms are
b what the mother says to her.

Tu es malade ou quoi?

Imagine that you are asking a French guest whether there is
anything wrong. Here are a number of possible replies you
might receive. Find suitable reactions to them from those
provided:

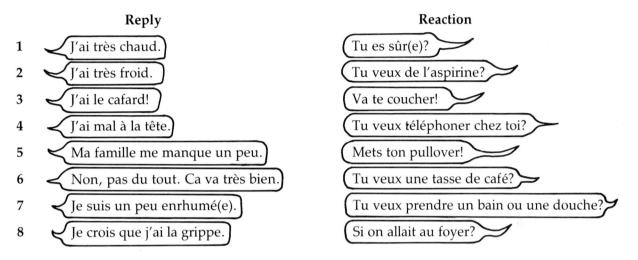

	Reply	Reaction
1	J'ai très chaud.	Tu es sûr(e)?
2	J'ai très froid.	Tu veux de l'aspirine?
3	J'ai le cafard!	Va te coucher!
4	J'ai mal à la tête.	Tu veux téléphoner chez toi?
5	Ma famille me manque un peu.	Mets ton pullover!
6	Non, pas du tout. Ca va très bien.	Tu veux une tasse de café?
7	Je suis un peu enrhumé(e).	Tu veux prendre un bain ou une douche?
8	Je crois que j'ai la grippe.	Si on allait au foyer?

Qu'est-ce que ça veut dire?

Here are some instructions you might find on medecines in
France. What do they mean?

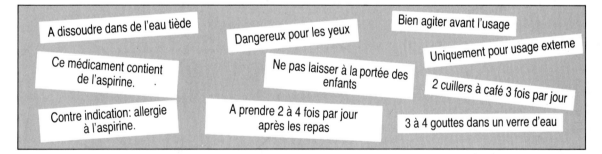

A dissoudre dans de l'eau tiède

Dangereux pour les yeux

Bien agiter avant l'usage

Ce médicament contient de l'aspirine.

Ne pas laisser à la portée des enfants

Uniquement pour usage externe

Contre indication: allergie à l'aspirine.

A prendre 2 à 4 fois par jour après les repas

2 cuillers à café 3 fois par jour

3 à 4 gouttes dans un verre d'eau

Play the parts of **A** a pharmacist, **B** a customer. Your
dialogue should develop thus:

A enquires what the customer wants.
B asks for something for a certain ailment.
A suggests something.
B asks the price.
A gives the price.
B says he'll/she'll take it *or* asks for something else ('Vous
n'avez rien d'autre?/Vous n'avez rien de moins cher?')
A answers.

G **26, 34**

33 Est-ce que c'est grave?

Pauvre Monique!

Monique has had to make appointments with the dentist and the doctor both in one week. Listen to her conversations and answer these questions:

a
1 Why is the appointment with the dentist urgent?
2 What is the earliest day she can be fitted in and at what time?
3 How is her surname spelt?
4 What is the number of her house?
5 On what day did she make her telephone call?

b
1 Why are two doctors mentioned?
2 How urgent is the appointment?
3 What date is she offered?
4 When can't she come?
5 What time is the appointment she accepts?
6 Copy out her diary page and enter the two appointments in French.

▲ The following expressions will be useful for saying where you have a pain:

J'ai mal	au pied.
	à la tête.
	à l'oreille.
	aux yeux.

Mon pied (gauche)	me fait mal.
Ma jambe (droite)	
Mes yeux me font mal.	

Quels sont vos symptômes?

Here are some people suffering with various symptoms.
Match up the pictures with the correct statements:

J'ai de la fièvre! J'ai la gorge enflamée! J'ai envie de vomir! J'ai perdu l'appétit. Je ne peux pas dormir!

Où est-ce que ça fait mal?

Here are some places you might get a pain!

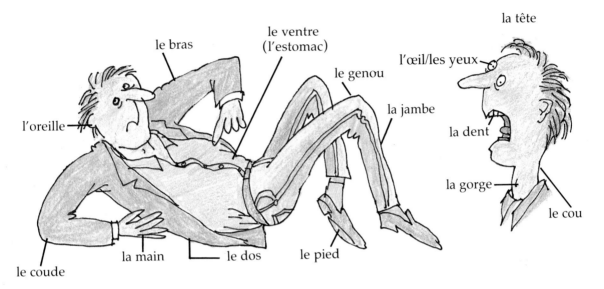

le ventre (l'estomac) — le bras — la tête — l'œil/les yeux — le genou — la jambe — la dent — l'oreille — la gorge — le cou — la main — le dos — le pied — le coude

Practise telling people that you have a pain in these various places. (Note the two awkward expressions **J'ai mal aux reins** — my back aches, and **J'ai mal au cœur** — I feel sick.)

J'ai été malade...

Listen to these four French people describing illnesses they had some time in the past. Number the speakers 1–4 and then jot down **a** when it was, **b** what was wrong with them, **c** any other details.

Using expressions and words you have met in this and the previous unit, play the parts of **A** a doctor, **B** a patient. Your dialogue(s) should develop thus:

A asks what is wrong.
B explains his/her symptoms
A says what medicine he/she is prescribing him/her, how often to take it, and gives any further instructions (resting, staying at home, staying in bed, etc.).

Que dit le docteur?

Listen to this doctor speaking to five different patients. Copy out the grid below and give the information asked for:

Patient	The doctor is saying...
1	
2	

Et maintenant à toi!

Write a letter to a pen-friend telling him/her either:

a of an illness you have now, *or*
b of an illness that you had recently.

 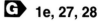 **1e, 27, 28**

34 Accident!

Comment ça s'est passé?

This woman has had an accident. Listen to
her telling her friend about what happened,
and answer the questions below:

1 When did the accident happen?
2 How did she break her arm?
3 How fast was she travelling?
4 What caused the accident?
5 How did she try to avoid it?
6 Why was this unsuccessful?

▲ The following expressions will be useful for talking about
accidents you have had and what you were doing when
they happened:

Je	montais sur une échelle descendais du train faisais du café traversais la rue	Je suis tombé(e) J'ai été renversé(e) par une auto, *etc.*
En	montant sur une échelle descendant du train faisant du café traversant la rue	Je me suis	cassé	le bras coupé	la jambe, *etc.* brûlé blessé coincé foulé

Pour éviter les accidents

Here are some extracts from a booklet on
child safety issued by the **Mairie de Paris**:

a What categories of accident are
mentioned?
b Write down the gist of the advice given in
Pour éviter les blessures.
c Suggest advice for any of the other
categories.

Les accidents domestiques peuvent être classés de
la façon suivante:

• *les chutes,*
• *les brûlures,*
• *les plaies et blessures,*
• *les étouffements,*
• *les asphyxies,*
• *les intoxications,*
• *les empoisonnements,*
• *les noyades,*
• *les morsures et piqûres d'animaux,*
• *les électrocutions,*
• *les allergies.*

4. POUR ÉVITER LES BLESSURES

Pour **éviter** les **blessures** :

• fermez à clef les tiroirs qui contiennent les objets
coupants et dangereux,
• mettez hors de la portée des enfants les boîtes
à outils et à couture,
• fermez et débranchez tous les appareils électro-
ménagers,
• mettez un filet ou une plaque de plastique trans-
parent pour protéger l'enfant contre la tentation
de mettre sa tête contre le barreau de lit,
• ne laissez jamais à la portée d'un enfant des
objets qu'il puisse mettre sur ses doigts ou enfiler
sur sa tête,
• surveillez les enfants dans les ascenseurs,
• jetez les vieux jouets qui peuvent représenter un
danger certain,
• ne laissez pas à portée d'un enfant des objets
qu'il puisse se mettre dans le nez, avaler ou
mettre dans les oreilles ou dans ceux de son
petit frère ou de sa petite sœur,
• surveillez les enfants qui jouent ensemble, ils
risquent de se blesser,
• surveillez les enfants qui jouent avec les animaux
domestiques,
• mettez les ventilateurs dans des endroits non
accessibles,
• utilisez de la vaisselle incassable.

C'était la faute de qui?

There has been a car accident. But who was to blame? Look at the remarks being made by the two drivers. What are they saying?

> Je n'ai pas pu m'arrêter!
> J'avais la priorité, moi!
> Vous ne faisiez pas attention!
> Vous ne m'avez pas vu?
> Ce n'était pas de ma faute!

> Vous rouliez trop vite!
> J'avais mis mon clignotant!
> Je roulais très lentement, moi!
> Il faut appeler la police!
> Vous rigolez, non?!

J'ai eu un accident!

These four people have had an accident. Suggest what each of them might be saying to a friend to explain what happened:

Play the parts of **A** someone who has had an accident, **B** his/her friend. Your dialogue should develop thus:

A asks what happened (Qu'est-ce qui s'est passé?)
B explains what happened.
A asks how it happened (Comment ça s'est passé?)
B explains what he/she was doing.
A asks if it hurts (Ça fait mal?)
B answers (Oui, beaucoup/Oui, un peu/Non, pas beaucoup/Non, pas du tout).

Pas de chance!

a Listen to these three French people speaking about an accident they had some time in the past. Jot down **a** when it happened, **b** how it happened, **c** any further details.

b Here are two more French people speaking about accidents they had. Jot down as many details as you can about each.

Et maintenant à toi!

Write a letter to the family of your French pen-friend explaining that you can't come to France to stay with them now because you have had an accident. Explain when it happened, what happened, and how long you will take to recover.

G 29b, 33, 38a–c

35 Que faire, alors?

⬛ Que faire maintenant?

This man has a problem and has to make a decision. Listen to the dialogue and answer the questions:

1 What is the man's problem and what does he want to know?
2 What information is he given?
3 What alternative is suggested to him?
4 Why is he not very keen on the idea?
5 What argument persuades him?
6 Where will he have to go?

▲ The following expressions will be useful for asking someone to make a decision and for telling people what you have decided:

Qu'est-ce que tu veux faire? Tu veux (aller en ville, *etc.*) ou tu préfères/préférerais (rester à la maison, *etc.*)?		
Je (ne) veux (pas) J'ai/Je n'ai pas envie de/d' Je préfère/préférerais	aller en ville. rester à la maison, *etc.*	Ça m'est égal! Restons à la maison!/Allons en ville! D'accord!

Qu'est-ce que tu en penses?

These people also have a decision to make. Describe the situations in French and then, using expressions from those given above, suggest what one of them is saying to the other in each case. Some verbs are given, but you may wish to use others:

rester ici	sortir
venir (avec...)	écouter des disques
y aller à pied	rentrer (à la maison)
prendre un taxi	chercher un(e) autre...
regarder la télé	

Dealing with emergencies and changing plans

Tu as lu ça?

Après de longues et âpres discussions
GRÈVE DES CHEMINOTS!

Imagine that you have seen this headline in a French newspaper. No trains! But you have to get to Calais tomorrow to catch the 15.30 ferry. Work out what you would say if you had to make the following telephone calls:

a Phone the local bus company and ask whether there is a bus from where you are staying to Calais. If so, explain about your ferry time and ask if there is a bus at that time, what time it leaves, from where, and what time it arrives.

b Phone a French friend, explain your problem and ask whether he/she can drive you to Calais tomorrow, and, if so, what time you must leave.

> Il y a une grève des......
> Je dois...
> Il me faut...
> Est-ce que tu peux/pourrais...?
> Est-ce qu'il y a...?
> A quelle heure est-ce que...?
> D'où est-ce que...?

a Play the roles of two friends who are faced with making a decision in the following situations. Each partner should ask the other what he/she wants to do, say what he/she wants to do, and then come to an agreement:

Il n'y a pas de tables libres en ce moment. Mais si vous voulez attendre à peu près dix minutes...?

La visite du Château de Versailles est complet. Mais je peux vous offrir une promenade en bateau-mouche, ou la visite de Montmartre...?

Je vais aller en ville maintenant. Je peux vous y emmener, si vous voulez...?

On pourrait manger en route, si vous voulez, ou attendre qu'on arrive au terrain de camping...?

b Play the parts of **A** a French host, **B** a British guest. Both of you want to do different things. Try to persuade one another to do what you want, and give your reasons:

A wants...
— to go to the cinema: there is a good film on.
— to go to the swimming baths: it's hot and he/she loves swimming.
— to go to the Vincennes zoo: he/she loves animals; he/she went there last year and it was great!

B wants...
— to go to a café: he/she won't understand the film.
— to stay at home: he/she has a cold and doesn't feel like swimming.
— to go shopping in town: he/she wants to buy some souvenirs; he/she doesn't like zoos; thinks they are cruel!

 **26b, 42a, b**

36 C'est possible?

Où tu vas?

Je vais au pressing. Je dois faire nettoyer mon manteau.

Je vais à l'horlogerie. Je dois faire réparer ma montre.

Je vais chez le coiffeur. Je vais me faire couper les cheveux.

Je vais à la droguerie. Je vais faire développer mes photos.

A votre service!

Listen to this dialogue which takes place in a certain type of shop. Then answer these questions:

1 What two things has the man come here to have done?
2 How much will each of these jobs cost?
3 What will he also have to pay?
4 Roughly how much will he have to pay altogether?
5 When will he be able to collect the item(s)?

Getting things done

▲ The following expressions will be useful for getting things done in certain shops:

Pouvez-vous Je voudrais faire	réparer nettoyer développer	mon/ma/mes... ce/cet/cette/ces...	(?)
Ça va prendre	combien de temps longtemps	?	
Quand est-ce que ça va être prêt?			

▲ Here are some articles you may need to get cleaned, repaired, or developed:

des bottes / des chaussures — un manteau / une veste — un pantalon / une jupe — une robe — une montre / un collier / un bracelet — un appareil-photo / une pellicule — des lunettes — un magnétophone à cassettes

Vous pouvez...?

Listen to these five short dialogues which take place in various shops. Copy out the grid opposite into your exercise books and write down the information asked for.

Article	Work to be done	When ready	Cost

Play the parts of **A** a shopkeeper, **B** a customer. Your dialogue should develop thus:

A and **B** greet one another.
B says what he/she wants done.
A says whether they can do it.
B asks when it will be ready and how much it will cost (Ça va couter combien?)
A answers.
B thanks him/her.

Raie à gauche .... assez longs derrière et aux côtés .... mais pas trop longs devant.

G 14, 35a

Révision F

ACTIVITES ★ REVISION ☆ ACTIVITES ★ REVISION ☆ ACTIVITES ★

Toujours des problèmes!

French teenagers have their problems too! Here is the
problem page from a French magazine. Read it and give the
gist of **a** what the problems are and **b** what advice is given.
After all, they may be problems you have too!

SI TU AS UN PROBLÈME…SANTÉ…AMOUR…FAMILLE…ECOLE…

Cette page est la tienne. Pour avoir
des conseils, confie-toi à notre psy,
Céline Lesage.

Céline Lesage, notre psychologue,
est là pour te conseiller. Ecris-lui…
Elle saura t'aider!

Patrick 16 ans

**Mon problème, c'est que je me ronge
les ongles. Je sais que c'est une sale
habitude et que la plupart des filles
trouvent ça dégoûtant, mais je ne peux
pas m'en empêcher. Que puis-je faire?**

Je connais des filles qui ont combattu
cette habitude en portant de faux ongles
sur les vrais, mais cela n'est certes pas
une solution pour toi! Malheureusement il
n'existe pas de recette miracle. Pour
s'arrêter, il faut être fortement motivé (par
exemple, pour plaire à son/sa petit(e)
ami(e)). A part ça, on pourrait porter
(toujours et partout!) une paire de gants!

Marianne 15 ans

**Mon problème, c'est les taches de
rousseur. J'en ai plein le visage et je
trouve ça très embarrassant. Qu'est-ce
que tu me conseilles?**

Si tu veux vraiment dissimuler tes taches
de rousseur, il y a un tas de crèmes de
beauté qui font ça. Mais je me demande
pourquoi tu as envie de les cacher. Moi,
je trouve que c'est mignon. Et il y a pas
mal de vedettes de cinéma qui en ont!

Yvette 17 ans

**Mon problème, c'est que j'ai des
cheveux blancs. Étant donné mon âge,
je trouve ça inquiétant. Y a-t-il un traite-
ment possible?**

Il faut dire que ta condition est assez rare,
mais tu ne devrais pas t'inquiéter — ça
ne fait pas de mal, après tout! Si ça te
gêne vraiment, va chez le coiffeur pour te
faire faire une teinture!

Frédéric 16 ans

Je sors depuis deux semaines avec
une fille super mignonne. Ce qui est
étonnant c'est que depuis ce jour-là,
elle s'est mise à se maquiller et beaucoup trop à mon goût. Ce n'est pas
drôle d'avoir à embrasser des lèvres
couvertes de rouge. En plus, cela la
vieillit. **Comment lui faire comprendre
que je la préfère simple et naturelle?**

Je comprends parfaitement ce que tu res-
sens: il n'est pas agréable de se balader
avec un pot de peinture! Pourtant, j'ai
l'impression qu'elle se maquille pour te
faire plaisir, puisque cette envie ne lui est
venue qu'après t'avoir connu. Elle pense,
à tort, qu'en se maquillant, elle sera plus
jolie et que tu en seras fier. Puisque ce
n'est pas le cas, dis-le-lui. Explique-lui
que tu la trouves sensationnelle au naturel
et qu'elle est tellement plus belle sans
maquillage! C'est le genre d'arguments
qui devraient porter et puisqu'elle veut te
faire plaisir, il y a de fortes chances qu'à
votre prochain rendez-vous tu la vois telle
qu'elle était lors de votre première rencontre. Grosses bises.

Write a letter to this magazine, asking for advice about a problem, real or imaginary (e.g. Finding school work difficult? Problems with a teacher? Like someone but frightened to ask him/her out? Parents too strict? Not enough money? No friends? etc.)

Jeu des dix erreurs

Ce pauvre homme est à l'hôpital. Sa femme est venue lui rendre visite. Le médecin aussi est venu lui parler. Si vous regardez bien les deux images, vous trouverez 10 différences. Cherchez-les!

Alain 15 ans

Mon problème, c'est que je rougis chaque fois que je croise une fille — il suffit qu'elle me regarde pour que ça commence! Y a-t-il un remède?

Rougir est normal à ton âge. C'est une marque de timidité. Ça va passer avec l'âge.

Solange 15 ans

Mon problème, c'est que je suis grosse. J'ai quinze ans. Je mesure 1,68m et pèse 60 kilos. Devrais-je consulter un médecin?

60 kilos pour 1, 68! Cela ne me paraît pas exactement catastrophique! A ton âge, une prise de poids passagère n'est pas anormal. Quelques ans plus tard les kilos en plus auront disparu. Ça vaut la peine de surveiller ton poids, de faire le plus de sport possible, de manger juste, mais consulter un médecin n'est pas nécessaire.

A votre santé!

Here is a poster issued by the French Ministry of Health.
Read the advice it gives and answer these questions:

Soignez votre santé

Aujourd'hui un grand nombre de maladies pourraient être évitées par un meilleur équilibre de vie. Alors, plutôt que de recourir systématiquement aux médicaments, pourquoi ne pas prendre un meilleur soin de sa santé?

Mangez juste.
Variez vos menus.
Ne sautez pas de repas.
Prenez un petit déjeuner complet.
Évitez les sucreries et les graisses.

Redécouvrez l'exercice physique.
Le sport peut être un excellent remède contre la nervosité et l'essoufflement. Il assouplit les muscles et les articulations. Il en existe sûrement un adapté à vos goûts et à votre forme physique.
Au besoin votre médecin pourra vous conseiller.

Dormez suffisamment.
Un sommeil suffisamment long est indispensable pour être en forme, surtout pour les jeunes enfants.

Évitez les toxiques.
Le tabac et l'alcool consommés régulièrement sont des dangers pour la santé.

Votre santé dépend aussi de vous

MINISTERE DE LA SANTE
Comité Français d'Éducation pour la Santé

1 If you take good care of your health, what won't you need to do?
2 What advice is given about eating?
3 What is said about physical exercise?
4 What is said about sleep?
5 What is said about tobacco and alcohol?

Write a profile of **a** someone who is very fit and **b** someone who is very unfit, explaining how their lifestyle is affecting their health:
e.g. X est en très bonne forme. Il/Elle...
Y est en très mauvaise santé. Il/Elle...

Des accidents...des accidents!

Here are some newspaper reports about accidents. Read them and give the gist of them under the following headings, wherever details are given:

1 When and where did the accident happen?
2 Who/What was involved?
3 What were the people doing at the time of the accident?

4 What exactly happened?
5 What were the casualties?
6 Any further details?

Un « multi-vélo » fauché par une voiture : trois morts et deux blessés

TROIS ESTIVANTS ONT ÉTÉ TUÉS et deux autres, dont un enfant, grièvement blessés, quand leur « multi-vélo » a été fauché par une voiture, dimanche soir, à Barcarès (Pyrénées-Orientales). Les vacanciers, originaires de l'Ardèche et de la Loire, et installés au camping « L'Embouchure » à Barcarès, avaient loué un vélo à cinq places et se promenaient sur la route conduisant à St-Laurent-de-la-Salanque. Leur multi-vélo a été violemment heurté par une voiture sur une portion mal éclairée de la chaussée.

TUÉE PAR LA FOUDRE.

— Une fillette, Sophie Olivier, 13 ans, demeurant à la Ferté-Bernard (Sarthe), en vacances avec sa famille à Bartrès près de Lourdes, a été tuée par la foudre, lundi après-midi, lors d'une promenade dans les Pyrénées, dans le cirque de Gavarnie (Hautes-Pyrénées).

L'enfant dans un groupe de six autres personnes faisait une promenade lorsqu'elle a été foudroyée vers 14 h 30. Évacuée par hélicoptère sur l'hôpital de Lourdes, elle n'a pu être ranimée.

NOYADE DANS LA MANCHE.

— Un Parisien de 48 ans, M. Félix Coulon, domicilié à Reuil-Malmaison (Hauts-de-Seine) en vacances avec sa famille à Baubigny, dans la Manche, s'est noyé lundi, vers 17 h, alors qu'il se baignait.

Un hélicoptère tombe dans le port de Cherbourg : un mort, un blessé grave

CHERBOURG. — C'est en effectuant des transports de matériel pour la réfection de la grande digue de Cherbourg qu'un hélicoptère de la société Héliservices s'est écrasé dans la rade mercredi matin. Le pilote, Tristan Schoolessing a pu être sauvé par un marin-pêcheur deux minutes après la chute, mais le mécanicien-treuilliste Gérard Fonty (42 ans) n'a pu être repêché qu'une heure plus tard, mort, malgré d'importants moyens de secours.

Un chauffard fauche une colonie la nuit sur une route de Vendée

Deux enfants tués, un autre blessé : l'automobiliste a disparu

LES SABLES-D'OLONNE. — Drame de la route dans la nuit de mardi à mercredi, près de Saint-Gilles-Croix-de-Vie, à Givrand, où une voiture a fauché un groupe d'enfants d'une colonie de la région lyonnaise. Bilan : deux morts, un blessé dans un état grave hospitalisé aux Sables-d'Olonne. L'automobiliste a pris la fuite.

L'effondrement des gradins d'un cirque à Manosque : 84 blessés

84 PERSONNES ont été hospitalisées après l'effondrement des gradins du « Nouveau cirque Jean Richard », mardi soir, à Manosque (Alpes de Haute-Provence). Neuf blessés souffrent de fractures diverses. Le directeur du cirque, M. Jean Bonnel, pense à un acte de malveillance. Selon d'autres témoignages, les gradins auraient été montés sur un sol en pente. Enfin, une spectatrice a affirmé que les gradins étaient surchargés.

37 Qu'est-ce que tu en penses?

Qu'est-ce que vous cherchez exactement?

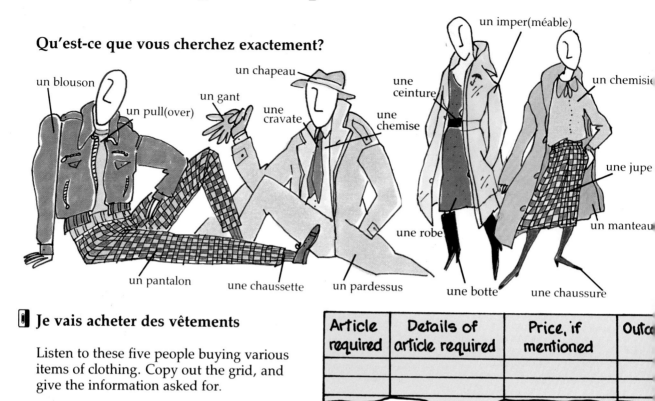

un blouson · un pull(over) · un gant · un chapeau · une cravate · une chemise · une ceinture · un imper(méable) · un chemisie · une jupe · un manteau · une robe · une botte · une chaussure · un pardessus · une chaussette · un pantalon

▌ Je vais acheter des vêtements

Listen to these five people buying various items of clothing. Copy out the grid, and give the information asked for.

Article required	Details of article required	Price, if mentioned	Outc

▲ The following phrases will be useful for buying clothes:

Je cherche un/une/des......
C'est combien ce/cet/cette/ces......?
Est-ce que je peux l'/les essayer?

Vous avez | ça | en bleu (clair/foncé), rouge, *etc.*?
| ce/cet/cette/ces...... | en laine, coton, velours, cuir, plastique,
| un/une/des......comme ça | acrylique, *etc.*?

Vous avez quelque chose de | plus grand, petit, *etc.*?
| moins cher

Ça me plaît, mais...

These people like the articles, but they want different colours and materials. Using the illustrations as a guide, and the appropriate expressions from the above, suggest what they might be saying:

gris? · vert? · bleu clair? · noir? cuir? · beige? laine? · coton? rouge?

Quelle taille/pointure vous faites?

Look at this table of British and continental sizes. Practise asking for articles of clothing of your own size. To give your size use **Je fais du 42**, etc.

CHAUSSURES (FEMMES/FILLES)	BRITISH	1	2	3	4	5	6	7	8				
	CONTINENTAL	33	34	$35\frac{1}{2}$	36	38	39	40	41				
CHAUSSURES (HOMMES/GARÇONS)	BRITISH	1	2	3	4	5	6	7	8	9	10	11	12 13
	CONTINENTAL	35	36	37	38	39	40	41	42	43	44	45	46 48
CHEMISES (HOMMES)	BRITISH	14	$14\frac{1}{2}$	15	$15\frac{1}{2}$	16	$16\frac{1}{2}$	17	$17\frac{1}{2}$				
	CONTINENTAL	36	37	38	39/40	41	42	43	44/45				
COMPLETS PARDESSUS (HOMMES)	BRITISH	36		38		40		42		44		46	
	CONTINENTAL	46		48		50/52		54		56		58	
JUPES, TAILLEURS (FEMMES)	BRITISH	(10)32		(12)34		(14)36		(16)38		(18)40		(20)42	
	CONTINENTAL	36		38		40		42		44/46		48	

Ça me va?

How would you tell these people what is wrong with the clothes they have tried on? Use the expression **Ça ne te va pas. C'est trop**...! The adjectives you'll need are given below:

long/court/serré/large/grand/petit

▣ Mes préférences

Listen to these six French teenagers speaking about clothes. Number the speakers 1–5 and jot down what they like and/or don't like.

◢ Play the parts of **A** a shop assistant, **B** a customer. Your dialogue should develop thus:

A asks what the customer is looking for.
B answers and states size.
A shows what is available (Nous avons ça...et ça..., etc.)
B asks price of one article.
A answers.
B asks for something cheaper.
A gives price of something else.
B says he'll/she'll take the article(s) (Je le/la/les prends).

Et maintenant à toi!

Write to your pen-friend, telling him/her about some clothes you bought recently.

 **5c, 10c, 12, 14**

38 On a besoin de...

Je vais faire des courses

a Listen to these three dialogues which take place in three of the above shops. Try to identify them.

b In pairs, make up similar dialogues which could take place in the other three shops.

▲ These expressions will be useful for buying food:

Est-ce que vous avez du/de la/de l'/des...?			
Je voudrais Je prends Donnez-moi Vous me donn(er)ez	un (petit/grand) paquet une (petite/grande) bouteille une (petite/grande) boîte, etc.	de d'	thé. eau minérale. petits pois.
C'est combien le/la/l'/les......, s'il vous plaît?			

C'est combien?

Listen to these five short dialogues in which people are asking, and being told, the price of certain items of food. In each case, write down the item and its price.

Quel est le problème?

Listen to these five short dialogues which take place in various shops. Jot down in your own words **a** what question is being asked, **b** what answer is given.

Vous en voulez combien?

Draw up a shopping list by combining the quantities on the
left with as many of the items of food as you can:

une livre   un litre
  un carton   une bouteille
 un paquet   un sac
    250 grammes   un pot
    500 grammes
un kilo
          une boîte
  une tranche
	de
	
	d'
		tarte aux pommes
		 carottes café beurre
		  chocolat fromage miel
		    confiture biscottes pizza
		 sardines poires
		  pommes pommes de terre
		          jus de fruits
		coca cola vin rouge lait

Qu'est-ce que ça veut dire?

Here are some signs which you could see in, or outside,
various French shops. What are they telling you?

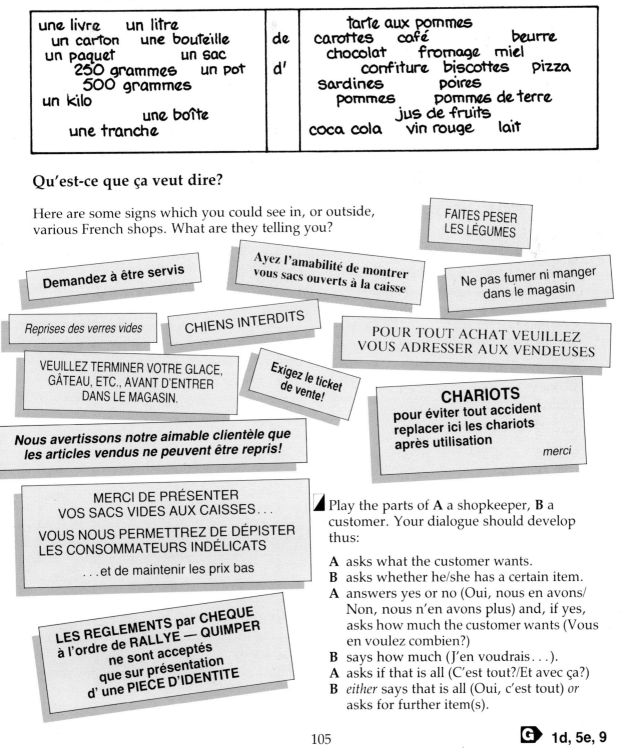

FAITES PESER LES LÉGUMES

Demandez à être servis

Ayez l'amabilité de montrer vous sacs ouverts à la caisse

Ne pas fumer ni manger dans le magasin

Reprises des verres vides

CHIENS INTERDITS

POUR TOUT ACHAT VEUILLEZ VOUS ADRESSER AUX VENDEUSES

VEUILLEZ TERMINER VOTRE GLACE, GÂTEAU, ETC., AVANT D'ENTRER DANS LE MAGASIN.

Exigez le ticket de vente!

CHARIOTS
pour éviter tout accident
replacer ici les chariots
après utilisation
merci

Nous avertissons notre aimable clientèle que les articles vendus ne peuvent être repris!

MERCI DE PRÉSENTER VOS SACS VIDES AUX CAISSES...

VOUS NOUS PERMETTREZ DE DÉPISTER LES CONSOMMATEURS INDÉLICATS

...et de maintenir les prix bas

LES REGLEMENTS par CHEQUE à l'ordre de RALLYE — QUIMPER ne sont acceptés que sur présentation d' une PIECE D'IDENTITE

Play the parts of **A** a shopkeeper, **B** a customer. Your dialogue should develop thus:

A asks what the customer wants.

B asks whether he/she has a certain item.

A answers yes or no (Oui, nous en avons/ Non, nous n'en avons plus) and, if yes, asks how much the customer wants (Vous en voulez combien?)

B says how much (J'en voudrais...).

A asks if that is all (C'est tout?/Et avec ça?)

B *either* says that is all (Oui, c'est tout) *or* asks for further item(s).

G 1d, 5e, 9

39 Casser la croûte

Qu'est-ce que tu prends?

— Il fait chaud, hein? Tu veux quelque chose à boire?

— Oui. Allons au café là-bas. J'ai très soif...et je suis complètement crevée!

— Moi aussi!

— On se met à l'intérieur?

— Non, il y a des places libres à la terrasse...

1 Why is the café a welcome sight?
2 Where do the girls decide to sit?
3 What do they order to drink?
4 What do they order to eat?

▲ The following expressions will be useful in a café:

La carte/L'addition, s'il vous plaît.		
Je voudrais	une tasse de thé.	
Moi, je prends	un verre de limonade.	
Pour moi	un sandwich	au/à la/à l'/aux......
	une crêpe	
	une glace	
Vous avez des glaces, des sandwichs, des crêpes, *etc.*?		

Je voudrais...

How many different orders can you make from the following?

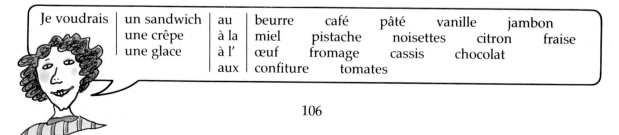

Je voudrais	un sandwich	au	beurre	café	pâté	vanille	jambon
	une crêpe	à la	miel	pistache	noisettes	citron	fraise
	une glace	à l'	œuf	fromage	cassis	chocolat	
		aux	confiture	tomates			

Je peux commander?

What do you think people said to get these orders?

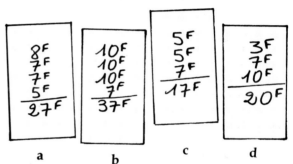

L'addition, s'il vous plaît!

Listen to these people discussing their bill. Then answer these questions:

1 Why is there a minor disagreement at the beginning of the dialogue?
2 Which of the bills on the right do you think is theirs?
3 How much do they leave as a tip?

a   b   c   d

Où on va manger?

Read this advertisement carefully and give the information asked for:

1 Where is this cafeteria situated?
2 What are you being offered for 15F90?
3 When is the café open?

Play the parts of **A** a French host, **B** a British guest. Your dialogue should develop thus:

A asks guest what he/she wants to drink (Qu'est-ce que tu veux/ prends à boire?)
B answers.
A asks what he/she wants to eat (Et à manger?)
B says he/she wants an ice-cream/a sandwich/a pancake.
A asks what flavour/sort (A quel parfum?/Un sandwich, une crêpe à quoi?)
B answers.
A says what he/she will have.

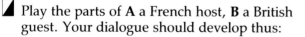

G 2, 5e, 54

40 Bon appétit!

Vous avez une table...?

E 4	**HOTEL D'ANGLETERRE** 19, Place Monseigneur-Tissier *Banquets et repas de groupes de 10 a 40 pers.*	68.21.51	1C
E 5	**CASTEL MARIE-ANTOINETTE** 1, Porte Sainte-Croix *Banquets et séminaires - 200 personnes*	68.38.26	1C + 100
E 4	**RESTAURANT LES ARDENNES** 34, place de la République *Banquets de 15 à 40 personnes*	68.21.42	8C + 4C
F 3	**RESTAURANT DE L'AVENUE** 86, avenue de Sainte-Menehould *Banquets et séminaires* *Possibilité pension (6 chambres) : 110,00 / jour*	68.04.44	1 x 8C + 2 x 4C
F 4	**RESTAURANT LE RENARD** 24, place de la République	68.03.78	150

Here is someone phoning up to book a table at the **Les Ardennes** restaurant. Listen to the dialogue and answer these questions:

1 What sort of table does she want to reserve?
2 For which evening?

3 What time does she want?
4 What time does she get?
5 What is her name and how is it spelt?

▲ Here are some phrases which will be useful when you want to go to a restaurant:

Je voudrais Vous avez	une table	pour deux/quatre, *etc.* pour vendredi soir, *etc.* (?) à/vers 8 heures, *etc.*

Moi, je prends/prendrai
Pour mon copain/ma copine/monsieur, madame, *etc.*
Vous pouvez nous apporter

le/la/l'/les...
(encore) un/une/des...
(encore) du/de la/de l'/des...

La carte/Le menu/La liste des vins/L'addition, s'il vous plaît.

Garçon, s'il vous plaît...!

Here are some things you might want in a restaurant. Find appropriate expressions from those above to ask for them:

carafe de vin rouge   haricots
pain   café   petits pois
bouteille de vin blanc   potage
assiette de crudités   biftek
verre d'eau minérale   plat du jour
fromage   fruits   poulet rôti
salade composée   crème caramel
tarte aux pommes   menu à 83 francs
frites   eau   poisson   légumes

Qu'est-ce qu'ils demandent? — Qu'est-ce qu'ils répondent?

Listen to these five short dialogues which take place in a restaurant. In each one a question is asked and answered. Copy out the grid opposite and jot down the information asked for.

Question	Answer

La carte, s'il vous plaît!

RESTAURANT "LE SAINTE BEUVE"

menu à 59,50 Fr

(+ 1/4 de VIN ou 1/2 VITTEL ou 1 DEMI PRESSION INCLUS)
SERVICE COMPRIS

Soupe à l'oignon
Salade Paysanne (Salade, lardons, gruyère, champignons)
Salade de crabe et bulots
Terrine de Campagne
Deux Pochés aux légumes à la Grecque
Amandes farcies +5F
Soupe de poissons (maison) +5F
Cassolette de fruits de mer +7F

1 ENTREE AU CHOIX

Brochette de poissons (sauce crevette)
Cabillaud à l'américaine
Raie au citron
Estouffade de boeuf Bourguignonne
Côte de porc émincé de choux
Poulet chasseur
Pièce de boeuf forestière
Saumon aux blancs de poireaux   20F
Entrecôte normande (crème, champignons, calvados) +30F

1 PLAT AU CHOIX

PLATEAU DE FROMAGE
Plateau de fromage

FROMAGE

Charlotte au chocolat
Crème caramel
Tarte aux pruneaux
Coupe de glace (3 parfums)
Farandole de sorbets (3 parfums)
Poire Belle Hélène   12F
Tarte Tatin (maison) + 15F

ou

DESSERT

Play the parts of **A** a waiter, **B** a customer (ordering for himself/herself and two friends). Base your dialogue on the menu above, and the following questions by the waiter:

Bonsoir, messieurs-dames. Voici la carte.... Qu'est-ce que vous voulez comme apéritif?... Vous avez fait votre choix?... Qu'est-ce que je vous sers comme entrée?... Et comme plat de résistance?... Et à boire?... Qu'est-ce que vous voulez comme dessert?... Vous prenez du café?

 5, 58, 59a

41 C'est délicieux!

Tu veux m'aider?

RECETTE DE CRÊPES

(Pour 6 à 8 personnes)

Il faut:
250 g de farine
½ cuill. à café de sel fin
2 cuill. à soupe de beurre fondu (ou d'huile)
3 œufs
1 cuill. à café de sucre en poudre (facultatif)
1 cuill. à soupe de fleur d'oranger ou 1 de rhum
¼ de litre de lait plus ¼ de litre d'eau

Préparation 15 à 20 minutes, 1 heure à l'avance.

1 Mettez la farine dans une terrine. Faites un puits au centre et versez-y la moitié des ingrédients liquides. En partant du centre, mélangez, en faisant tomber peu à peu la farine dans le liquide. Toute la farine étant incorporée, travaillez vigoureusement la pâte pour la rendre bien lisse.

2 Ajoutez alors les œufs entiers (battus en omelette), le sel et la matière grasse, puis le sucre et le parfum.

3 Versez la moitié du liquide restant. La pâte doit être fluide et onctueuse. Laissez reposer une heure, si possible.

4 Faites cuire la première crêpe d'essai. Si la pâte est trop épaisse, ajoutez peu à peu le reste du liquide.

▲ The following expressions will be useful for talking about what is needed for a certain recipe and what has to be done:

Ça se fait avec Il faut	du sucre, de la farine, de l'huile, des œufs, *etc.*	
D'abord Puis Ensuite Après ça	il faut mélanger vous mélangez mélangez mélanger	la farine et l'huile, *etc.*

Talking about cooking

▲ The following words and expressions are often found in recipes:

épluchez

coupez

hachez

égouttez

mélangez/battez

couvrez

versez

mettez placez ajoutez

étendez

salez

poivrez

râpez

faites laissez | cuire bouillir

faites laissez | frire

feu vif   feu doux

une terrine

une casserole

une poêle

une passoire

un égouttoir

une cuiller à café

une cuiller à soupe

un rouleau

le four

🔲 J'adore ça!

Listen to these five French people speaking about French
dishes they particularly like. Number the speakers 1–5 and
jot down as much information as you can about each dish.

Veux-tu m'en donner la recette?

Imagine a French visitor was particularly taken by a
meal/dish he/she had at your home (Shepherd's pie, Irish
stew, Yorkshire pudding, Welsh cakes, porridge, etc.).
Write out the recipe for him/her in French.

111

G 5e, 26

42 Ça alors!

Voulez-vous échanger...?

This girl has found something wrong with an article of clothing she has bought. Listen to her conversation with the shop assistant, and answer the questions:

1 What has the girl brought back?
2 What is wrong with it/them?
3 When had she bought it/them?
4 When had she noticed it?
5 Describe the person who had served her.
6 What does the assistant say she'll do about the problem?

▲ These expressions will be useful for telling people that something is wrong:

> Voulez-vous échanger ce/cet/cette/ces...?
> Voici mon reçu/ticket de vente.
>
> | Le/La/L'/Les...... | est/sont | cassé(e)(s)/déchiré(e)(s)/sale(s)/rayé(e)(s)/taché(e)(s)/ |
> | Il/Elle/Ils/Elles | | froid(e)(s)/troué(e)(s)/ébréché(e)(s) |
> | | ne marche(nt) pas. | |

These expressions will be useful for apologizing:

> Excusez-moi! Je suis (vraiment) désolé(e)!

Quel est le problème?

Suggest what these people might be saying:

Making a complaint

Play the parts of **A** a tourist, **B** a waiter. Illustrated below is what **A** and his/her friends actually had, and what the waiter has rung up on the bill for them. **A** should:

— say he/she thinks the waiter has made a mistake (Il y a erreur, je crois/Vous vous êtes trompé, je crois).
— ask about the various items on the bill (9F 80, c'est quoi, ça?)
— explain what he/she had or didn't have (On a eu...et non pas.../On a eu seulement.../On n'a pas eu de/ d'...).
B should answer.

2 x bières
1 x café
1 x vin blanc
5 x croissants?

CAFÉ DU CARREFOUR

9.80
9.80
7.00
5.80
3.00
3.00
3.00
3.00
3.00

Ça ne va pas!

Listen to these five people complaining about different things. Copy out the grid and give the information asked for.

	What is being complained about?	What is the outcome?
1		
2		

Et maintenant à toi!

Imagine that your family was dissatisfied with a restaurant, a hotel, or a campsite during your stay in France. Write a letter on behalf of your parents to the management saying what was wrong. You could start your letter like this:

> Monsieur,
>
> Nous avons mangé dans votre restaurant le (date)/Nous sommes restés dans votre hôtel/sur votre terrain de camping du (date) au (date). Je vous écris de la part de mes parents pour vous informer que nous avons été très déçus...

G 5a, 14, 15, 28

113

Au marché: l'étalage du marchand de fruits et légumes

Nous voici au marché. Quels fruits reconnaissez-vous? Et quels légumes?
Quels fruits et légumes connaissez-vous que vous ne voyez pas sur ces photos?

Vous êtes un bon détective?

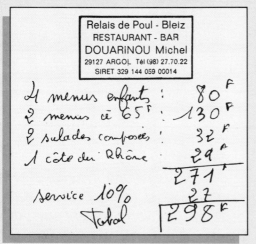

Qu'est-ce qu'il faut faire?

Imagine you saw this sign while shopping with your parents/friends in France. Where do you think you would see it? What do you have to do?

Voici une note de restaurant.
Lisez-la, puis...

a 1 Décrivez la famille qui a mangé dans ce restaurant.
   2 Combien coûte un menu d'enfant?
   3 Qu'est-ce qu'ils ont bu?
   4 Le service n'est pas compris; vrai ou faux?

b Imaginez le dialogue qui a eu lieu entre le garçon et la personne qui a commandé ce repas.

Shopping en vacances

Here are some holiday bargains from this handout from the Continent hypermarket. Tell your parents/friends what is on offer and work out roughly how much this would be in pounds/pence.

Yaourt aromatisé Continent le lot de 16 pots de 125 g le kg : 7,95 F **15**F**90**	**Chips Continent** le paquet de 225 g le kg : 21,11 F **4**F**75**

Bateau gonflable Capri 190
dimensions : 1,83 x 1,05 m
119F**00**

Serviette papier Continent
double épaisseur, ouate de cellulose, 33 x 33 cm
le lot de 100
9F**95**

Barbecue en fonte
convertible, livre avec un plat, une broche, un moteur, dimensions : 43,5 x 26 cm
99F**00**

Gobelet plastique Continent
contenance 21 cl
le lot de 50
9F**50**

Glacière 35 l
avec fermeture de sécurité
49F**95**

Charbon de bois de chêne Continent
4 kg
le kg : 4,13 F
16F**50**

Papier toilette Tam
le paquet de 12 rouleaux
9F**95**

Où aller?

Here are three things you might need to do in France. Copy out the grid and tick the places where you could do each of them:

Où aller?	'J'ai besoin de timbres...'	'Je dois changer de l'argent...'	'Il me faut des renseignements'
Office de Tourisme			
Tabac			
Bureau de change			
Caisse d'Epargne			
P et T/PTT			
Banque Nationale de Paris			
Syndicat d'Initiative			
Crédit Lyonnais			
Mairie			
Crédit Agricole			

Quiz

Among these words are six French cheeses and six French wines. Can you find them? And if the others are neither wines nor cheeses, what are they?

Boissons pilotes   Bleu de Bresse   Plat du jour

Roquefort   Graves   Muscadet   Terrain de jeux

Pont-l'Evêque   Côtes du Rhône   Perrier   Camembert

Hors d'œuvres   Macon   Médoc   Sortie de secours

Brie   Pommes-frites   Brasserie   Tomme   Maître d'hôtel

Tour de France   Châteauneuf du Pape

Des conseils

The French are said to be extremely careful food-shoppers. Their *cuisine* is, of course, legendary. Here are some tips from a hypermarket handout. Read them and answer the questions:

CUIRE LES CRUSTACÉS

Les crustacés sont délicieux cuits nature, accompagnés de pain de seigle et de beurre salé, ou d'une mayonnaise.

Les crustacés doivent être plongés vivants dans l'eau bouillante fortement salée. Seul le temps de cuisson varie, calculé à partir de la reprise de l'ébullition. Et surtout, ne les laissez pas refroidir dans l'eau de cuisson.

CUIRE LES COQUILLAGES

Les coquillages se cuisent à sec* dans une grande casserole ou au four. Ajoutez une branche de thym, cela leur donnera une saveur délicieuse. Les remuer en cours de cuisson pour que la chaleur soit bien répartie. Arrêtez la cuisson lorsque les coquillages sont ouverts.

Vous pouvez également les servir en salade. Dans ce cas, après les avoir retirés de leurs coquilles, mélangez-les à une mayonnaise légère (diluée avec un peu d'eau rendue par la cuisson dês coquillages).

*Exception faite pour les bigorneaux qu'il convient de mettre dans l'eau froide fortement salée et poivrée. Arrêtez la cuisson dès l'ébullition. Les laisser dans l'eau 2 à 3 min et les égoutter.

SERVIR LE PAIN

• Ne pas couper le pain plus de 10 min avant de servir.
• Ne pas griller du pain frais.
• Ne pas griller le pain de seigle.
• Proposer plusieurs sortes de pains.
• Le ranger à l'abri de l'humidité, de préférence dans une boîte en bois.

• Si le pain est entamé, placer la face tranchée contre le bois.

• Ne jamais conserver du pain dans un sac plastique : il se ramollit et s'affadit.

Give the gist of the tips you are given about cooking **a** crustaceans, **b** shellfish.

What tips are you given about serving and keeping bread?

Qu'est-ce que ça veut dire?

Match these signs with their meanings:

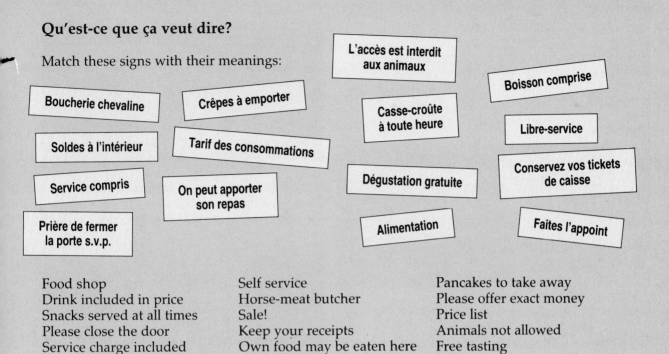

| L'accès est interdit aux animaux |
| Boisson comprise |
| Boucherie chevaline |
| Crêpes à emporter |
| Casse-croûte à toute heure |
| Libre-service |
| Soldes à l'intérieur |
| Tarif des consommations |
| Conservez vos tickets de caisse |
| Service compris |
| On peut apporter son repas |
| Dégustation gratuite |
| Prière de fermer la porte s.v.p. |
| Alimentation |
| Faites l'appoint |

Food shop
Drink included in price
Snacks served at all times
Please close the door
Service charge included

Self service
Horse-meat butcher
Sale!
Keep your receipts
Own food may be eaten here

Pancakes to take away
Please offer exact money
Price list
Animals not allowed
Free tasting

La mode

Dans les années 40 on s'habillait comme ça.

Dans les années 50 voilà ce qui était à la mode.

Dans les années 60 il fallait s'habiller comme ça pour être **dans le vent**.

Dans les années 70 on portait ça.

Voici le **look** des années 80.

Et dans les années 90, vers la fin du siècle? Qu'est-ce qu'on portera à votre avis?

a Describe these various fashions (Dans les années 40 on portait...).
b Say what you think of the various fashions (A mon avis, cette mode-là est...Je trouve cette mode-là...).
c Suggest what clothes will be in fashion by the end of the century (Vers la fin du siècle on portera...).

43 Les passe-temps

Les moments de loisir

Moi, j'adore les animaux. Nous en avons beaucoup chez nous — chats, chiens, lapins, oiseaux. Ça fait beaucoup de travail mais ça en vaut la peine. Vous êtes amateurs d'animaux, vous aussi?

Je préfère passer mes moments de loisir en plein air à pratiquer des sports. En été je fais du vélo...en hiver je fais du ski. Vous êtes sportifs, vous aussi?

J'aime la musique. J'ai une grande collection de disques. J'écoute la musique, mais j'en fais aussi. Je joue de la guitare dans un groupe. Et vous? Vous êtes musiciens aussi, vous?

▲ The following expressions will be useful for saying what you think of certain pastimes and hobbies, and for talking about playing games and instruments:

J'aime/Je n'aime pas	la lecture, la natation, les sports, *etc.*
J'adore/Je déteste	lire, nager, jouer au tennis, *etc.*
Je m'intéresse au/à la/à l'/aux...	

Je joue au/à la/à l'/aux + *game*.	Je joue du/de la/de l'/des + *instrument*.

A quoi il/elle s'intéresse?

Here is a French teenager's bedroom. Look for clues as to what he/she does in his/her spare time (Il/Elle aime...; Il/Elle s'intéresse au/à la/à l'/aux...).

Mon passe-temps préféré, c'est...

Listen to these five French teenagers talking about their hobbies and pastimes. Numbers the speakers 1–5 and jot down as many details as you can from what they say.

Un sondage

Draw up a chart like the one below with enough space for all the pupils in your group. Choose a number of hobbies/pastimes and write these under **Passe-temps**. Invite everyone in the class to rate each activity on a 1–5 scale (see Légende):

Légende
5 J'adore ça.
4 J'aime ça.
3 Ce n'est pas mal.
2 Je n'aime pas tellement ça.
1 Je ne peux pas supporter ça!

Nom d'élève	Passe-temps		
	la lecture	la télé	la mode

Add up each column and find the average. Discuss your results in French.

SOS Amitié

Here are some messages from a French magazine written by French youngsters looking for foreign pen-friends. Choose a boy/girl whose interests coincide with yours and write a letter to him/her saying you'd like to be his/her pen-friend, and talking about your interests.

J'ai 16 ans et je désire correspondre avec garçon ou fille du même âge. J'aime la musique pop, la danse moderne, les sorties. Joindre photo. Réponse assurée.

Jean-Pierre Bloc
29 rue du Muguet
44300 Nantes

* * * * * *

J'ai 17 ans et je désire correspondre avec fille ou garçon de 16 à 18 ans. J'aime collectionner posters, photos et autographes de vedettes de cinéma, chanteurs de pop, etc. Réponse assurée! Joindre photo!

Laurence Colibri
Bât. A4 Appt. 3
Résidence Marly
69005 Lyon

* * * * * *

J'ai 16 ans et je désire correspondre avec filles ou garçons de mon âge. J'aime la nature, les promenades, tous les sports. Joindre photo. Répondez vite! Merci!

Catherine Renaud
16 rue Alphonse Daudet
63000 Clermont-Ferrand

* * * * * *

J'ai 17 ans et je désire correspondre avec filles et garçons de tout âge et de tous pays. J'aime écrire, lire les romans, aller au cinéma. Joindre photo. Réponse assurée.

Sandrine Lemaire
80bis avenue Leclerc
76600 Le Havre

* * * * * *

J'ai 18 ans et je désire correspondre avec garçon ou fille de 15 à 20 ans. J'adore les discos, les boums, les concerts. Je joue de plusieurs instruments. Réponse assurée!

Henri Leloup
123 boulevard de la République
68200 Mulhouse

* * * * * *

J'ai 19 ans et je désire correspondre avec fille ou garçon de tous pays. J'aime la mode, la moto, la natation. Je suis photographe passionnée! Joindre photo!

Annick Delarue
rue de la Rose
92300 Levallois

* * * * * *

Play the roles of two French youngsters who are discussing their hobbies/pastimes. Ask each other about a variety of activities (Tu aimes...?/Tu t'intéresses au/à la/à l'/aux...?) and say how much you like each one.

G 1a, 2, 3, 42a

44 Argent en plus

Argent de poche

Tu me demandes dans ta dernière lettre si je reçois de l'argent de poche de mes parents et ce que je fais pour gagner de l'argent en plus. Eh bien, mes parents me donnent 50F par semaine, mais je ne travaille pas pour en gagner. Ils me donnent aussi des suppléments si j'ai de bons résultats à l'école. Et, bien entendu, j'en reçois lors de mon anniversaire et à Noël. Quand je fais une sortie au cinéma, à la piscine ou à la patinoire, mes parents me paient toujours l'entrée. Je dépense mon argent de poche en disques et en vêtements.

a
1 What had the English boy asked in his last letter?
2 What work does the French boy do to earn extra money?
3 How much is 50F in pounds, and why is the sum mentioned?
4 Name three situations in which the French boy is given extra money by his parents.
5 What does he spend his money on?

b On the evidence of the letter, how many of the following statements seem to you to be true?
1 Ce garçon est **a** paresseux **b** travailleur **c** gâté.
2 Ce garçon **a** a de la chance **b** n'a pas de chance.
3 Les parents du garçon sont **a** avares **b** généreux **c** bêtes.

c Rewrite the letter as if the same question had been put to you by a French pen-friend.

▲ The following expressions will be useful for talking about pocket money and part-time work:

Mes parents me donnent	......livres par	mois.
Je reçois		semaine.
Je gagne		heure.
Pour gagner de l'argent (en plus) je travaille		comme......
		dans......
Je dépense mon argent en......		
Avec l'argent	j'achète......	
	je vais......	

Pocket money and part-time jobs

▲ Here are some ways in which you might earn some pocket money:

livrer les journaux

faire du babysitting

travailler comme pompiste

travailler comme caissier/
caissière

travailler comme vendeur/
vendeuse

travailler pour les parents
(désherber le jardin, etc.)

J'ai un problème!

Here is a letter written by a French girl to a teenage
magazine and the advice she is given. Read them both
carefully and answer the questions:

"JE VOUDRAIS FAIRE DU BABY-SITTING"

Florence 14 ans

Chère Geneviève, _____

**D'abord, bravo pour ta rubrique qui est sensass! J'ai
quatorze ans et étant donné que mes parents ne me
donnent pas d'argent de poche, je n'ai jamais la possibilité de m'offrir quelque chose. J'ai donc décidé de faire
du baby-sitting. Je ne sais pas si c'est permis avant seize
ans et dans quels journaux je dois mettre une annonce.
Gros bisous.**

Ma chère Florence, _____

En fait, ce qui est interdit, c'est le travail au noir. Ce qui
signifie que tout travail payé doit être déclaré. Evidemment
l'Etat ferme les yeux devant les petits boulots des jeunes
comme le baby-sitting, le lavage des voitures, etc . . . Cela
dit, je ne crois pas qu'il soit utile de mettre une annonce
dans un journal. Mets plutôt des petites affiches dans les
immeubles de ton quartier et attends les propositions. Etant
donné que tu es encore jeune, je te conseille de te rendre à
tes futurs rendez-vous accompagnée d'un adulte. On ne sait
jamais, tu pourrais faire de mauvaises rencontres. Le tarif
oscille entre vingt et trente francs. Je souhaite de tout cœur
que tu puisses trouver ce petit job. Bon courage et je
t'embrasse bien fort.

1 What exactly is Florence's problem?
2 What is she told about the law concerning
   young people working?
3 What practical advice is she given?
4 How much can she expect to earn?

▍Play the parts of **A** a French host, **B** a British
guest. Your dialogue should develop thus:
A asks whether it is easy to get a part-time
   job in Britain (Il est facile de trouver un
   emploi temporaire en Grande Bretagne?)
B answers.
A asks what **B** does to earn extra money.
B replies.
A asks where, when, and how long **B**
   works (Où/Quand/Combien d'heures est-
   ce que tu travailles?)
B answers.
A asks how much **B** earns.
B answers.

G 8b, 24, 44a, b

45 Le sport

La Maison des Sports

> J'ai de la chance d'habiter Clermont-Ferrand. Les Clermontois ont une Maison des Sports Municipale incroyable! Elle est unique en France! Faut la voir! On peut y faire à peu près tout. On offre plein de sports et d'activités... aux jeunes... aux adultes... au troisième âge... à tout le monde.

> Moi, j'y vais deux fois en semaine... et le week-end aussi. Je joue au tennis de table et je fais du karaté. On peut s'entraîner chaque soir de 18h à 22h. On peut y voir toutes sortes de matchs et de compétitions. Et si on n'est pas sportif, on peut toujours passer la soirée dans la salle de réception ou au bar!

a
1 What does the boy say about living in Clermont-Ferrand?
2 What does he say about the sports centre?
3 What groups of people does he mention?

b
1 What does the girl say about her involvement with the sports centre?
2 Why does she mention 18h and 22h?
3 What does she say the sports centre has to offer?

▲ The following expressions will be useful for talking about sport:

Je (ne) joue (pas) Je (ne) sais (pas) jouer	au tennis/à la pétanque/aux fléchettes, *etc.*	
Je fais du judo/de l'équitation/de la natation, *etc.* Je ne fais pas de judo/d'équitation/de natation, *etc.*		
J'y joue | depuis deux ans, *etc.* J'en fais |	Ça fait deux ans, *etc.* que | j'y joue. | j'en fais.	

A mon avis...

Listen to these five French teenagers speaking about certain sports. Number the speakers 1–5 and jot down **a** what the sports are, **b** any other information they give.

On offre...

Here is an excerpt from a publicity brochure about the sports complex in Clermont-Ferrand. Imagine that you were asked to prepare a handout for English-speaking visitors. Do not translate the information word-for-word, but give the main details:

PORTE OUVERTE SUR VOTRE MAISON DES SPORTS

REZ-DE-CHAUSSEE
* Bar
* Salle de réception — capacité 400 personnes
* Salle de basket — 500 places assises
* Salle de billard (7,5 m × 1,5 m)
* Foyer 3ème Age
* Salle de Conférence (300 places)
* Hall d'entrée Nord avec bureaux de la Direction
* Grande salle Omnisports
  Les gradins peuvent accueillir 4.920 personnes. De plus, il est possible d'installer 2.044 places supplémentaires en chaises.

AU SOUS-SOL
* Salle de Tennis de Table (15 m × 10 m)
* Salle de Musculation (15 m × 10 m)
* Piste
  5 couloirs de 90 m et aire de saut en longueur.
* Stand de Tir (60 m × 9 m)
* Salle de Saut (60 m × 10 m)

A L'ENTRE-SOL
* Centre Médico-Sportif

AU 1er ETAGE
* Salle de Boxe (16 m × 12 m)
* Salle de Judo (22 m × 16,50 m)
* Salle de Lutte (20 m × 16,50 m)
* Salle d'Escrime (20 m × 16,50 m)
* Salle polyvalente (10 m × 16,50 m)
* Salle de Gymnastique Filles (22 m × 14,50 m)
* Salle de Gymnastique Garçons (19 m × 15 m)

AU 2ème ETAGE
* Terrasse 1.800 m2

Play the parts of **A** a British tourist, **B** an employee of the Tennis Club d'Alençon. Draw up a timetable from Monday to Saturday, dividing the days into one-hour 'slots' from, say, 9.00–13.00 and 14.00–21.00. **B** writes 'complet' in all but six slots.
A phones up and attempts to book a court for himself/herself and various friends (Vous avez un court libre lundi matin/après-midi vers......heures? etc.)
B answers yes or no (Oui, il y en a un à......heures/Non, il n'y en a pas le matin, etc.) but offers no further help.
A asks to book 'slots' when he/she finds them (Voulez-vous me réserver ça?)
B asks his/her name (C'est au nom de qui?)
A gives name(s) and spells them.

Le Tennis-Club d'Alençon vous informe qu'il est encore possible de réserver des heures dans la salle couverte.
Une dizaine de tranches horaires sont disponibles. Pour tout renseignement, s'adresser au Tennis-Club, 79 rue de l'Isle, Alençon, Tél. 26.20.15.

Et maintenant à toi!

Answer this letter extract:

de mes passe-temps. Tu es amateur de sports, toi? Moi, j'adore tous les sports. Vous avez un centre sportif près de chez vous? Qu'est-ce qu'il offre comme sports et activités? Et quels sports est-ce qu'on pratique dans ton collège?

 2, 3, 5a, 39a,c, 59a,b

46 A la télé

Qu'est-ce qu'on passe?

— Tu veux regarder la télé?
— Qu'est-ce qu'on passe?
— Je ne sais pas. Je vais regarder. Quelle heure est-il?
— Six heures moins cinq.
— Sur A2 dans cinq minutes il y a **Platine 45**. Tu connais ça?
— Non. Qu'est-ce que c'est?
— C'est une émission de pop.
— C'est comme **Top of the Pops** chez nous en Grande Bretagne.
— Tu veux voir ça?
— Oui, je veux bien.

---

a 2   19.55 : FOOTBALL   **FRANCE-URUGUAY**

6.45	Télématin

Journaux : 7 heures, 7 h 30, 8 heures.

| 8.30 | Les Gaietés de la correctionnelle (R) |

Feuilleton. Troisième épisode.

| 10.30 | Antiope vidéo |

| 11.45 | Récré A 2 |

Poochie ; Les Petites Canailles.

| 12.00 | Midi informations météo |

| 12.05 | L'Académie des 9 |

Avec Adamo.

| 12.45 | Antenne 2 midi |

| 13.35 | Magnum (R) |

Série américaine. « Illusion et réalité ». Avec : Tom Selleck (Magnum), John Hillerman (Higgins), Roger E. Mosley (T.C.), Larry Manetti (Rick), Dana Wynter (Olivia Ross).
Thème : Magnum est engagé comme doublure pour les besoins d'un film. La vedette est victime d'un étrange accident...

| 14.25 | Moviola (R) |

Feuilleton en trois parties de John Erman. Première partie : « Histoire de Scarlett O'Hara ». Avec : Tony Curtis (David O. Selznick), Bile Macy (Myron B. Mayer), Harold Gould (Louis B. Mayer), Sharon Gless (Carole Lombard), George Furth (George Cukor), Edward Winter (Clark Gable), Barrie Yougfellow (Joan Crawford), Carrie Nye (Tallulah Bankhead).
Thème : Un producteur veut engager des comédiens pour tourner « Autant en emporte le vent ». Dans les studios de Hollywood on se bat pour obtenir un rôle...

| 16.00 | **Sports été** |

● Basket : Championnats d'Europe, France-R.F.A. Commentaire Bernard Père et P. Chêne.

● U.L.M. : Championnat du monde à Millau. Commentaires : Pierre Lambert.

| 18.00 | Platine 45 |

| 18.40 | Flash info |

| 18.50 | Des chiffres et des lettres |

| 19.10 | Hôtel du siècle |

Feuilleton. Septième épisode.

| 19.30 | Journal |

| 19.55 | **Football : France Uruguay** |

En direct du Parc des Princes. Commentaires de Bernard Père.

| 21.50 | Le Pont des soupirs |

Dans la série « Mariages », un téléfilm de Roger Burckhardt. Scénario de Michel Viala.
Avec : Laure Duthilleul (Claire), Maxence Mailfort (Léon), Dora Doll (la patronne) et Philippe Lemaire, Lise Granvel, Alfredo Gnasso, Anne-Marie Deibart, Michel Rossi, Marie Colin, Claude-Inga Barbey, Jean-Quentin Chatelain, Roland Carrey et Niyma...
Thème : Léon, un peu timide et maladroit, travaille dans un salon de coiffure. Sa patronne, autoritaire, lui fait des avances. Mais Léon en aime une autre, la caissière du cinéma de son quartier.
(Lire ci-contre : « Fiasco ».)

| 23.15 | **Athlétisme** |

Meeting de Zurich (en différé). Commentaires de Gilles Cozanet et Jean-Michel Bellot.

| 23.45 | Journal de la nuit |

| 0.10 | Bonsoir les clips |

Construct two more dialogues like the above, based on this day's viewing from a French newspaper.

▲ The following words and expressions will be useful for discussing television programmes:

Est-ce que	tu veux / je peux	regarder la télé(vision)?

| Qu'est-ce qu'on passe / Qu'est-ce qu'il y a (à voir) | ce soir sur TF 1/A2/FR 3? |

les feuilletons (américains)   la météo   les émissions musicales
les (télé)films   les documentaires   les émissions de variétés
les jeux (de questions)   les émissions jeunesse   les discussions/débats (politiques)
les actualités/informations   les émissions sportives   les dessins animés

◢ Une interview

In pairs, construct an interview based on the questions and answers below:

> Tu aimes...?
> Tu regardes souvent...?
> Comment tu trouves...?
> Qu'est-ce que tu penses de...?
> Quelle est ton émission préférée?

> Oui, j'aime bien ça!
> J'adore ça!
> Ça m'intéresse beaucoup!
> Ça ne m'intéresse pas!
> Je déteste ça!
> J'ai horreur de ça!
> Je trouve ça intéressant/
>   bête/barbant, etc.
> Mon émission préférée
>   est/s'appelle...

▉ Qu'est-ce qu'il y a sur les autres chaînes?

Listen to these French people discussing the choice of viewing at three different times of the day. Copy out the grid and jot down which programme they choose in each case, and why.

Channel chosen			Reason(s)
1	2	3	

1ère chaîne (TF1)	2ème chaîne (A 2)	3ème chaîne (FR 3)
La Poursuite Impitoyable Film américain (1965)	**La Chasse aux Trésors** Jeu de Jacques Antoine et Jean-Jacques Pasquier	**Histoire de la Photographie** 1^{ère}partie Les Pionniers
Le journal de la Une	**Les Enfants du Rock** Magazine musical	**Dynastie** 7e épisode Une petite vie de couple
Salut les Mickey Dessins animés	**Disparitions** Série en 6 episodes Episode 3	**Pays en ruine** Document tourné à Tripoli

◢ Basing your dialogue on a page of the **Radio Times** and the **TV Times**, play the parts of **A** a British host, **B** a French guest. Your dialogue should develop thus:

A asks if correspondent wants to watch TV.
B asks what's on.
A names the programme and says what sort of programme it is.
B *either* says he/she wants to watch it, *or* asks what's on the other channels (Qu'est-ce qu'il y a sur la BBC 2/l'ITV 1? *etc.*).
A answers.

Et maintenant à toi!

Answer the following letter extract from a French pen-friend:

> tous les soirs. Tu regardes souvent la télévision? Quels genres d'émissions préfères-tu regarder? Y a-t-il des émissions que tu ne peux pas supporter? Moi, je trouve que

Ⓖ 49, 59a,b

47 Qu'est-ce qu'on joue?

Au cinéma

la caissière • la queue • l'écran • la vedette / star • l'assistance • les • prix tarifs • la caisse • un fauteuil d'orchestre • l'orchestre • le balcon • un pourboire • une place • l'ouvreuse • PRIX

GREMLINS

STALLONE — RAMBO II LA MISSION

🔊 Qu'est-ce que tu veux voir?

Listen to these two dialogues involving French youngsters and their British guests. Then answer these questions:

a 1 What do we learn about cinemas in this town?

2 Who has already seen which film and where?

3 What two kinds of film does he say he doesn't like?

4 Which film do they decide to see?

b 1 What do we learn about the seats they get?

2 How much do the tickets cost?

3 What do they decide to do about refreshments?

▲ Here are some expressions which will be useful when going to the cinema/theatre:

Je voudrais	un/deux fauteuil(s) d'orchestre	
	une/deux places	à l'orchestre au balcon
Le film/Le concert/La pièce	commence finit	à quelle heure, s'il vous plaît?
La première deuxième	séance	

Going to the cinema

Qu'est-ce que tu en penses?

Here are some different kinds of film. Give your personal opinion of them. Some useful phrases are suggested:

J'aime ça!
J'adore ça!
Ça me plaît beaucoup!
Ça m'intéresse!
Je les trouve formidables!

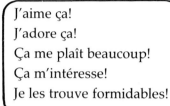

Je n'aime pas ça!
Je déteste ça!
Ça ne me dit rien!
Je ne peux pas supporter ça!
Je les trouve casse-pieds!

les westerns

les films de guerre

les films d'amour

les films de science-fiction

les films fantastiques

les films d'horreur

les dessins animés

les films policiers

les films comiques

les comédies musicales

les films d'espionnage

Un film que j'ai vu...

Listen to these four French people speaking about a film they have seen. Number the speakers 1–4 and jot down as many details as you can.

Play the parts of **A** a French host, **B** a British guest. Your dialogue should develop thus:
A asks **B** whether he/she would like to go to the pictures.
B asks what's on.
A suggests various films.
B says whether he/she likes that kind of film, finally agreeing to go to see one.
B also asks what time the performances are.
A says he'll/she'll phone the cinema.
Then work out how to make the telephone call.

CINÉMA

Les films marqués (*) sont interdits aux moins de treize ans, (**) aux moins de dix-huit ans.

LE ROYAL

Salle I	Y a-t-il un pilote dans l'avion?
Salle II	Les diamants sont éternels
Salle III	Emmanuelle IV **

L'OLYMPIA

Salle I	Les dents de la mer III
Salle II	Les aristochats
Salle III	Orange mécanique **

LE REX

Salle I	Les oiseaux *
Salle II	West Side Story
Salle III	Le cavalier solitaire

Et maintenant à toi!

Answer the following letter extract:

G 49, 50a–d, 59a,b

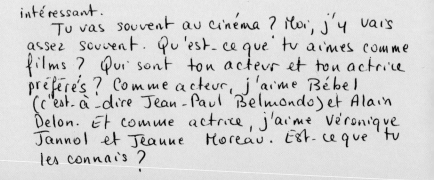

intéressant.
Tu vas souvent au cinéma? Moi, j'y vais assez souvent. Qu'est-ce que tu aimes comme films? Qui sont ton acteur et ton actrice préférés? Comme acteur, j'aime Bébel (c'est-à-dire Jean-Paul Belmondo) et Alain Delon. Et comme actrice, j'aime Véronique Jannot et Jeanne Moreau. Est-ce que tu les connais?

48 A l'école

Mon collège

Je m'appelle Ernestine Dubuc. J'habite Fontenay-aux-Roses. Voici mon collège. Il s'appelle Collège A. Angellier. J'ai seize ans. Je suis en 2ᵉ. Qu'est-ce que je pense de l'école? C'est tolérable! Voici mon emploi du temps.

	lundi	mardi	mercredi	jeudi	vendredi	samedi
8ʰ15–9ʰ15	gym	maths	maths	allemand	perme	maths
9ʰ15–10ʰ15	gym	histoire-géo	maths	anglais	anglais	français
10ʰ15–10ʰ30			RÉCRÉATION			
10ʰ30–11ʰ30	maths	sciences naturelles	physique	français	économie	français
11ʰ30–12ʰ30	français	français	chimie	histoire-géo	maths	perme
12ʰ30–14ʰ00			PAUSE - DÉJEUNER			
14ʰ00–15ʰ00	anglais	chimie	–	économie	français	–
15ʰ00–16ʰ00	physique	économie	–	sciences naturelles	allemand	–
16ʰ00–17ʰ00	histoire-géo	allemand	–	chimie	physique	–

Mon emploi du temps

a Copy out your own timetable in French and explain to a French person what subjects you have each day:
  e.g. Le lundi matin j'ai une leçon (double) de physique, puis...ensuite...L'après-midi j'ai..., etc.

b Compare your timetable to the French one above:
  e.g. Au Collège A. Angellier...; chez nous...

▲ The following expressions will be useful for talking about school subjects (les matières):

| J'apprends | le français, l'histoire, |
| Je fais | la gym, les sports, *etc.* |

J'aime...
J'adore...
Je suis fort(e) en...
Ma matière préférée est...
Je trouve ça intéressant/amusant/facile.

Je n'aime pas...
Je déteste...
Je suis faible/nul(le) en...
Je ne brille pas en...
Je trouve ça difficile/compliqué/ casse-pieds.

Ce que je pense des matières scolaires

Listen to these six French teenagers talking about their
favourite and least favourite subjects. Number the speakers
1–5 and jot down what the subjects are, and any reasons
given.

Both partners should copy out this grid:

	l'anglais	le français	l'allemand	les maths	la biologie	la physique	la chimie	l'histoire	la géographie	la musique	l'économie	l'instruction religieuse	l'instruction civique	les travaux manuels	le gymnastique	les sports
moi-même																
mon/ma partenaire																

Each partner should rate each subject on the scale
++/+/?/—/— —.
Basing your answers on the above grid, play the parts of **A**
a French correspondent, **B** yourself. **A** asks **B**'s opinion of
the various subjects (Tu aimes...?/Qu'est-ce que tu penses
de...?)
B answers (J'aime ça/J'adore ça, etc.) or says he/she doesn't
    do the subject (Je n'apprends pas ça/Je ne fais pas ça).
A jots down the answers in the grid using the same
    symbols.
A and **B** compare their grids.

Une interview

Imagine that, in the course of a school
exchange, you are interviewed by a reporter
from a local newspaper. Answer the
following questions about your school:

Write up the information in the form of a
short article. You could start your article like
this (the words underlined are given as
examples):

> D'où venez-vous exactement?
> Comment s'appelle votre école?
> C'est quel genre d'école?
> Votre école a combien d'élèves?
> Elle est moderne?
> Elle a un uniforme?
> Vous avez des examens tous les
> combien?
> On peut manger à l'école?
> Vous êtes combien dans le groupe?
> Combien de filles et de garçons?

Lundi soir un groupe de 34 élèves de la Highgrove Comprehensive
(à Poole, dans le Dorset, Angleterre) est arrivé au Collège
Bellevue. Les élèves vont passer une quinzaine de jours dans les
familles de leurs correspondants. Un(e) des élèves a donné à
notre reporter les détails suivants sur son école.....

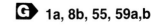 1a, 8b, 55, 59a,b

Que font-ils de leur argent?

Lorsque tu penses aux fabuleux cachets que touchent les vedettes, tu dois certainement te demander ce qu'elles peuvent bien faire de tout cet argent. Alors pour satisfaire ta curiosité, nous leur avons demandé de quelle manière elles le dépensent. Mais lis plutôt...

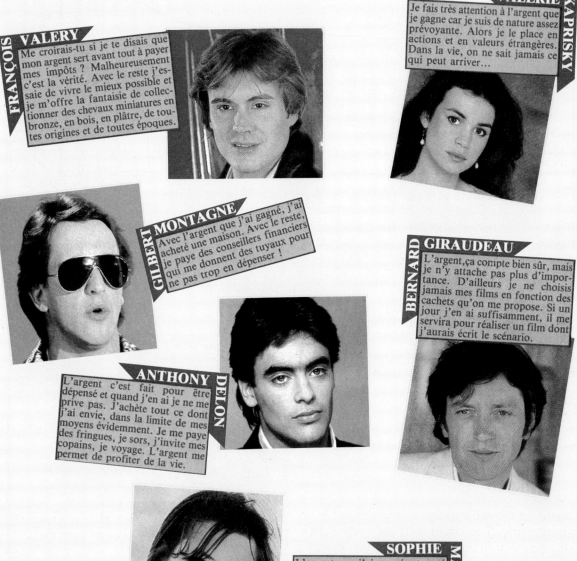

FRANÇOIS VALERY

Me croirais-tu si je te disais que mon argent sert avant tout à payer mes impôts ? Malheureusement c'est la vérité. Avec le reste j'essaie de vivre le mieux possible et je m'offre la fantaisie de collectionner des chevaux miniatures en bronze, en bois, en plâtre, de toutes origines et de toutes époques.

VALERIE KAPRISKY

Je fais très attention à l'argent que je gagne car je suis de nature assez prévoyante. Alors je le place en actions et en valeurs étrangères. Dans la vie, on ne sait jamais ce qui peut arriver...

GILBERT MONTAGNE

Avec l'argent que j'ai gagné, j'ai acheté une maison. Avec le reste, je paye des conseillers financiers qui me donnent des tuyaux pour ne pas trop en dépenser !

BERNARD GIRAUDEAU

L'argent, ça compte bien sûr, mais je n'y attache pas plus d'importance. D'ailleurs je ne choisis jamais mes films en fonction des cachets qu'on me propose. Si un jour j'en ai suffisamment, il me servira pour réaliser un film dont j'aurais écrit le scénario.

ANTHONY DELON

L'argent c'est fait pour être dépensé et quand j'en ai je ne me prive pas. J'achète tout ce dont j'ai envie, dans la limite de mes moyens évidemment. Je me paye des fringues, je sors, j'invite mes copains, je voyage. L'argent me permet de profiter de la vie.

SOPHIE MARCEAU

L'argent que j'ai gagné est resté bloqué jusqu'à ma majorité. J'avais juste de quoi m'offrir des vêtements et me permettre quelques fantaisies. Quand j'ai enfin pu disposer de mon argent, je me suis acheté un appartement et j'ai passé mon permis de conduire pour réaliser mon rêve : m'offrir une voiture.

Au pair

Read the following extract from a pamphlet issued by the
CIDJ (Centre d'Information et de Documentation Jeunesse)
and answer the questions:

PLACEMENT AU PAIR EN FRANCE

Les jeunes filles étrangères placées au pair en France, et désireuses de bénéficier du **statut de stagiaire aide-familiale** doivent satisfaire à certaines conditions règlementaires.

- Avoir au moins 18 ans (17 ans si un des parents ou une personne mandatée par eux vit en France) et 30 ans au plus, et être célibataire.

- Suivre des cours de français dans un établissement spécialisé (consulter la fiche CIDJ : « Cours de français pour étrangers »).

- S'engager pour une durée comprise entre 3 mois et un an. Cependant le séjour peut être inférieur à 3 mois, pendant les vacances universitaires, ou peut être prolongé jusqu'à totaliser 18 mois au maximum.

STATUT DE LA JEUNE FILLE DANS LA FAMILLE

La jeune fille placée au pair doit partager la vie de la famille d'accueil.

- Elle doit être logée dans une chambre individuelle.
- Elle doit être nourrie, et le temps des repas n'est pas compris dans le temps de travail.
- Elle perçoit de l'argent de poche : 950 Frs par mois environ et le paiement de la carte orange.
- La famille doit déclarer la stagiaire aide-familiale à la Sécurité Sociale, et verser des cotisations.

En contrepartie, la jeune fille au pair s'engage à fournir **5 heures de travail par jour** (tâches familiales courantes à l'exclusion de gros travaux, s'occuper surtout des enfants) ; éventuellement elle devra être disponible 2 soirs par semaine pour garder les enfants. Elle bénéficie **d'un jour de repos par semaine** (dont 1 dimanche par mois).

1 What conditions must girls wishing to work as an au pair
   in France satisfy?
2 What are the terms of employment?

Quel sportif êtes-vous?

Réponses à la page 195

TEST QUEL SPORTIF ETES-VOUS ?

Êtes-vous sportif ? Si oui, dans quel sens l'êtes-vous ? Ce test va vous l'apprendre. Il suffit pour cela de choisir, parmi les quatre définitions proposées à chaque chapitre, celle qui correspond le plus à ce que vous pensez de chaque sport. Lorsque votre choix sera effectué, vous totaliserez vos réponses n° 1, puis les 2, puis les 3 et enfin les 4. Vous irez ensuite consulter les solutions pour apprendre quel sportif vous êtes. Attention ! ne choisissez qu'une seule définition par rubrique.

• GYMNASTIQUE
1) Une discipline difficile ☐
2) Les grandes figures aux appareils ☐
3) Une remarquable condition quotidienne ☐
4) L'entretien du corps ☐

• NATATION
1) Le plaisir de l'eau ☐
2) Les courses de vitesse ☐
3) La piscine ☐
4) La mer ☐

• PATINAGE ARTISTIQUE
1) Les figures par couples ☐
2) Surtout les sauts ☐
3) Les revues (« Holiday on ice ») ☐
4) La musique accompagnant les exhibitions ☐

• FOOTBALL
1) C'est avant tout un sport d'équipe ☐
2) Vous n'appréciez un match que s'il y a beaucoup de buts ☐
3) C'est surtout un spectacle ☐
4) Ce sport ne vous passionne pas ☐

• RUGBY
1) Ce sport est un état d'esprit ☐
2) Vous appréciez le jeu à la main ☐
3) Vous admirez avant tout le travail des avants ☐
4) Un sport trop brutal ☐

• TENNIS
1) Une discipline complète ☐
2) Le jeu de volée, les services gagnants ☐
3) Vous n'admettez que les joueurs ne contestent pas les décisions des arbitres ☐
4) Un sport de riches ☐

• CYCLISME
1) Les grandes classiques ☐
2) Les courses par étapes ☐
3) Les réunions sur piste ☐
4) Simplement la promenade ☐

• ATHLETISME
1) Les courses par relais ou les matchs internationaux ☐
2) Les records ☐
3) Les sauts et les lancers ☐
4) Les temps morts entre les diverses épreuves. ☐

• AUTOMOBILISME
1) La mécanique et les rallyes ☐
2) La Formule 1 ☐
3) La vitesse toujours plus grande ☐
4) L'ambiance des circuits. ☐

Appréciations

Here are some remarks (**appréciations**) which French teachers might write in a report or a **carnet de notes**:

> *Fait des efforts*
> *Très faible*
> *Très satisfaisant*
> *Passable*   *Excellent*
> *Doit travailler plus sérieusement*
> *Bonne participation*
> *Fait des progrès*   *Très bien*
> *S'amuse beaucoup; travaille peu*

INSTITUTION N.-D. DE RECOUVRANCE
Établissement Privé d'Enseignement Secondaire
88, Cours Genêt
17100 SAINTES
Tél. (46) 74.38.04

CARNET de NOTES

de l'Elève

Christophe   MASSE

Classe de _____ 6°1

Using the model opposite, write yourself an imaginary French school report by entering the subjects (**disciplines**) you take, and adding a comment about your work:

Bulletin trimestriel	Nom	Prénom
Disciplines	Appréciations des professeurs	

A qui est...?

Reconnaissez-vous ces personnages? A qui est/sont...

...ces lèvres?

...ces bras?

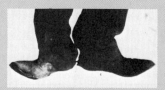

...ces dents?

...ces yeux?

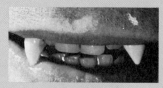

...cette oreille?

...ces pieds?

— Expliquez en français *comment* vous les avez reconnus!
— Faites une description de ces personnages

(Sont-ils morts ou vivants? Quel âge ont-ils? Que font/faisaient-ils dans la vie? etc.)!

132

Maisons et clubs de jeunes

Here are just some of the activities offered by one of the
youth clubs in Paris:

Aérobic
Art Dramatique
Arts Martiaux
Boxe
Céramique (Poterie)
Couture
Cuisine
Danse (Moderne/Classique)
Escrime

Guitare (Classique/Folk)
Gymnastique
Handball
Informatique
Kayak
Langues (Japonais, Russe)
Marionnettes
Mécanique Auto-Moto
Musculation

Natation
Parachutisme
Peinture
Pétanque
Photographie
Plongée Sous-Marine
Tennis de Table
Tir (Arc et Pistolet)
Volley-Ball

a Construct three short dialogues in which a
French teenager discusses some of these
activities with a British guest. The
following expressions will be useful:

Dans	cette maison	de jeunes	il y a…
	ce club		on offre…
			on peut…

Tu aimes ça?
　Oui, j'aime beaucoup ça!
　Non, je n'aime pas ça/ça ne me dit rien!
Tu as déjà fait ça?
　Oui, j'ai fait ça en Angleterre, *etc.*
　Non, pas encore.
Tu veux que je leur téléphone?
　Oui, je veux bien!
　Oui, si tu veux!

b Prepare a phone call to the youth club and
then act it out in pairs. Your call should
include the following:

— Mention the activity you are interested
　in (Vous offrez……, n'est-ce pas?/Je
　crois que vous offrez……)
— Say you are not a member and that
　you'd like to join.
— Ask how much it costs.
— Say you'd like to put your name down
　for the above activity.
— Ask how much it costs and when it
　takes place.

être adhérent(e) to be a member
adhérer (à)…to join
la cotisation subscription
s'inscrire (pour) to put one's name
　　　　　　　　　down for
avoir lieu to take place

49 Traversons la Manche!

A vous le choix!

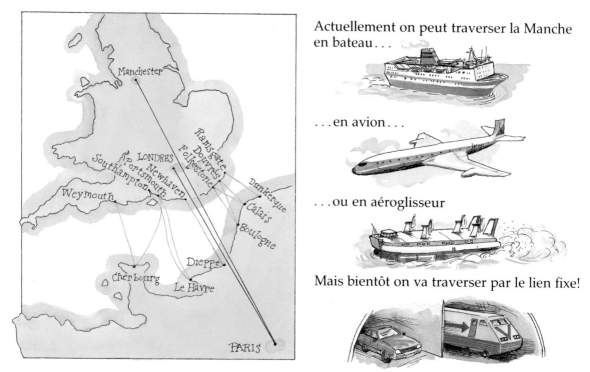

Actuellement on peut traverser la Manche en bateau...

...en avion...

...ou en aéroglisseur

Mais bientôt on va traverser par le lien fixe!

▲ The following expressions will be useful for talking about (past or future) trips across the Channel:

J'ai pris Je prends Je vais prendre	le bateau/le (car-)ferry/l'aéroglisseur/l'hovercraft/l'avion.
J'y suis allé(e) J'y vais Je vais y aller	en avion/en bateau/en aéroglisseur/en hovercraft. par avion/par le bateau/par l'aéroglisseur/par l'hovercraft.

Moi, je prends...

Listen to these four French people talking about how they travel to Great Britain. Copy out the grid opposite and give the information asked for.

	Person's occupation	How he/she travels	Reason(s)
1			
2			
3			

Votre attention, s'il vous plaît!

Listen to these ten announcements. Copy out the grid opposite and give the information asked for.

	Where is announcement being made? (boat/aeroplane/port/airport?)	What is the gist of the message?
1		
2		

A votre service!

Read this extract from a Sealink brochure and answer the questions below:

A VOTRE SERVICE

SEALINK : une mini-croisière agréable, de nombreux services à bord :

● **Change :** un bureau de change est a votre disposition à bord de tous nos navires (excepté sur la ligne Dunkerque-Douvres).

● **Relais-bébés ou salon-dames :** c'est un endroit calme et confortable pour les mamans accompagnées d'un nourrisson. Là, elles pourront langer bébé ou lui donner son repas en toute tranquillité.

● **Vidéo et jeux électroniques :** pour les jeunes... et les moins jeunes, certains de nos navires diffusent des programmes vidéo, en particulier des dessins animés. De plus la plupart de nos navires sont équipés de jeux électroniques les plus divers.

● **Téléphone :** vous pouvez téléphoner en pleine mer. Pour tous vos appels à bord, adressez-vous au bureau du contrôleur.

● **Boutiques :** pendant la traversée faites un peu de "shopping". Profitez de nos nombreux produits hors-taxes : divers alcools, cigarettes de grandes marques, cigares, parfums, pellicules Kodak...

● **Restauration :** déjeunez en pleine mer. Nos self-services ou restaurants traditionnels (sur certaines lignes) vous proposent, au menu, une grande diversité de plats chauds ou froids. Bon appétit !

● **Bars :** dans un cadre accueillant, digne des bateaux de croisière, notre compagnie vous propose un grand choix de boissons aux meilleurs prix.

● **Salons :** confortablement installé, reposez-vous un moment avant de reprendre la route.

● **Règlements :** pour vos repas et achats à bord vous pouvez régler indifféremment en Francs ou en Livres Sterling. Les paiements par Carte Bleue ou Eurocard sont également acceptés pour les achats hors taxes dont les prix sont affichés à bord (1).

(1) Sur les navires britanniques, les conditions d'utilisation des cartes sont liées à la législation des changes.

1 Which services might be useful for:
— families with babies or very young children?
— businessmen/-women?
— teenagers?
— passengers looking for last-minute presents?

2 What facilities for eating and drinking are mentioned?

3 What details are given about paying for services on board?

 Play the roles of two French people. Before carrying out the task, each partner will choose his/her favourite mode of transport (boat, hovercraft or aeroplane) and prepare a list of its advantages and the disadvantages of the other two. Each partner should then ask the other the following questions:

1 Vous allez souvent en Grande Bretagne?
2 Tous les combien à peu près?
3 Vous y allez comment?
4 Pourquoi vous préférez (l'hovercraft, etc.)?

Racontez-moi...!

Write an account of a ferry crossing (real or imaginary) which you made, saying what route you took, when you sailed/landed, and what you did on board. The following words will be useful, but you need not limit yourself to these:

embarquer/quitter (Douvres, etc.)/changer de l'argent/faire du shopping à la boutique/acheter.../faire un petit tour du bateau/déjeuner à la cafétéria/regarder des vidéos/jouer aux jeux électroniques/arriver (à Calais, etc.)/débarquer

G 27a–c, 28, 29, 35a–d

50 En vacances

Où aller?

Où passez-vous les vacances d'habitude?

D'habitude nous passons quelques jours dans un hôtel en ville.

Normalement nous passons une huitaine de jours dans une auberge à la montagne.

Chaque année on passe une quinzaine de jours à la campagne dans notre caravane.

Chaque été nous passons trois semaines dans une petite pension au bord de la mer.

▲ The following expressions will be useful for talking about holidays past, present, and future:

L'an dernier...	D'habitude...	L'an prochain...	
Je suis allé(e)...	Je vais...	Je vais	aller...
J'y suis allé(e)...	J'y vais...	J'espère	y aller...
J'y suis resté(e)...	J'y reste...	Je compte	y rester...
J'y ai passé...	J'y passe...	J'ai l'intention d'	y passer...
Nous sommes descendus dans un hôtel.	Nous descendons dans un hôtel.	Nous allons descendre dans un hôtel.	

▐ Où sont-ils allés?

Listen to these four French teenagers speaking about their holidays last year. Number the speakers 1–4 and jot down **a** where they went, **b** any other details about their stay.

Où passeront-ils leurs vacances?

Here are some French film stars and pop singers talking about their holiday plans for the coming summer. In each case, find out **a** where they are going to go, **b** how they are going to spend their time.

Et voilà nous y sommes. C'est enfin l'été et ta valise est peut-être déjà prête. Tes vedettes préférées ont elles aussi pensé à leurs vacances et tu es certainement curieuse de connaître leurs projets.

GERARD LANVIN

D'abord je tourne mon film avec Jennifer « Moi vouloir toi ». Je crois que ça me prendra tout l'été ou une bonne partie. Ensuite si tout marche bien, j'irai m'éclater dans mon ranch dans les Landes.

MICHEL FUGAIN

Ça va être du sport ! Je vais descendre une partie du Rhône en canoë. Puis j'irai faire du delta plane aux Arcs. S'il y a des amateurs, je les attends de pied ferme ! Mais je les avertis que ça ne va pas être de la rigolade.

HERVE VILARD

J'ai une tournée à faire en juillet et en août. En septembre, sûr, je me paye un billet d'avion et je me tire au Maroc avec mon sac à dos. A moi l'aventure ! Rien de tel qu'un bon couscous, et c'est reparti !

GILBERT MONTAGNE

Cet été je ne prendrai que deux semaines de vacances à la fin du mois d'août, puisqu'avant je serai sur la tournée R.M.C. J'ai l'intention de louer une villa près de St-Tropez et de buller au bord de l'eau avec ma femme et mon fils.

FRANCIS HUSTER

J'ai horreur des vacances. Ça me déprime de ne rien faire. Alors je préfère rester à Paris et bosser. D'ailleurs, j'ai tellement de projets à mettre sur pied que je n'aurais pas assez de l'été !

MICHEL SARDOU

Vacances relaxes. Je retourne à Ste-Maxime dans la maison des parents de Babette. J'ai un petit voilier qui m'y attend et je vais faire des virées au grand vent.

Play, alternately, the parts of **A** an interviewer, **B** a celebrity.
- **A** asks where **B** went for his/her holiday last year and how long he/she stayed there.
- **B** answers.
- **A** asks what his/her plans are for the coming summer.
- **B** answers.

Then swop roles.

Before the role-play begins, both partners should choose an identity (Bobby Boum, célèbre chanteur français/Eliane Etoile, célèbre chanteuse française) and prepare some (exotic!) answers to the questions. The information given at the interviews should be noted by the interviewers and written up in the form of a short article for a teenage magazine.

G 27a–c, 28, 35a, 42a,b, 56

Et maintenant à toi!

Answer the following letter extract:

vraiment chouette !
Quels sont tes projets de vacances pour l'an prochain ? Qu'est-ce que tu vas faire à Pâques, par exemple ? Si tu n'as pas d'autres projets, tu peux toujours venir passer une quinzaine de jours chez nous. Et qu'est-ce que tu comptes faire pendant les grandes vacances ? Et à Noël ? Combien de semaines de vacances scolaires avez-vous en Grande Bretagne ? Chez nous

51 On va nager

A la plage

A la piscine

Décrivez ces deux images!

▲ The following expressions will be useful if you want to go swimming at the beach or at a swimming pool:

La piscine est ouverte aujourd'hui/ce matin/le samedi matin? *etc.*

La baignade est permise/interdite/dangereuse/surveillée ici?

Faites attention!

Read this sign and answer the questions:

1 Why are the times 10h30–18h and 1 June–30 September mentioned?
2 What do the three flags represent?
3 Why is the telephone number of the local police station given?

Où est-ce que ça se passe?

Here are five short dialogues which take place either on the beach or in an indoor swimming pool. Copy out the grid opposite and jot down the information asked for.

	Beach or Swimming pool?	What is going on?
1		
2		
3		

138

Soyez prudents!

Here is a letter written by a French teenage girl to a magazine. Read it and answer the questions:

Chère Geneviève,

Après quinze jours passés à la montagne, je suis invitée par une copine à passer les deux semaines qui me restent chez ses parents au bord de la mer. Maman, bien évidemment, m'a couverte de recommandations: fais attention en te baignant, mouille-toi la nuque avant, ne te baigne pas seule, etc… En fait je voudrais savoir quelles sont réellement les précautions à prendre avant de prendre un bain, parce que entre ce que dit maman (pour mon bien, je sais!) et la réalité il y a peut-être une marge. Réponds-moi vite!

Ma chère Sarah,

Ta maman te fait des recommandations fort justes, il ne faut pas les prendre à la légère. A ce qu'elle t'a dit je rajouterai plutôt d'autres «commandements». Avant toute baignade, renseigne-toi sur les dangers que tu peux rencontrer (trous, courant, méduses, etc…) Baigne-toi le plus possible en zone surveillée et évite le plus souvent possible de nager seule. Surtout évite également de plonger dans l'eau après un effort qui t'aurait fait transpirer ou après un repas très copieux. Evidemment il est préférable d'entrer dans la mer progressivement mais en cas de malaise, de froid soudain, sors immédiatement de l'eau. Ne t'amuse pas non plus, et fais-le comprendre à tes éventuels copains, à mettre quelqu'un de force à l'eau ou à lui faire boire la tasse. Enfin, éloigne-toi des sportifs et de leurs planches à voiles, skis nautiques ou bateau. Une dernière recommandation: donne l'alerte dès que tu prends conscience qu'un baigneur est en difficulté. Ainsi que tu peux le constater, les mamans ont souvent raison! Bonnes vacances! Je t'embrasse.

1 What has happened to prompt this letter?
2 What advice does the girl get?
  (Find four things.)

Basing your dialogues on the opening times and prices below, play the parts of **A** a tourist, **B** a swimming pool employee. Your dialogue should develop thus:

A phones up to ask whether the pool is open at a particular time (aujourd'hui/cet après-midi/le mardi, etc.).
B replies.
C enquires about prices.
D answers.

PISCINES COUVERTES

Vaucanson : 24, rue Louise-Michel - tél. 96.62.97

Ouverte du 22 septembre au 11 juillet
— le mardi de 19 h à 22 h
— le mercredi de 14 h à 20 h
— le samedi de 14 h à 19 h
— le dimanche de 9 h 30 à 12 H 30 et de 15 h à 18 h.

PISCINE

ENTREES

ADULTES   8f00
ENFANTS   4f80
VISITEURS 1f60

ABONNEMENT ANNEE ADULTE
ABONNEMENT ANNEE ENFANT

Et maintenant à toi!

AH CA C'EST LA VIE!

Write a letter to a French pen-friend, telling him/her about a day you spent on the beach. You could include:
where you went, what time you arrived, who you went with, how you travelled there, what you did there, what arrangements you made for mealtimes, any incidents (amusing? dramatic?) which occurred, what time you went home.

G 10c, 14, 58, 59a,b

52 Si on allait…?

Où aller?

Imagine that some friends of yours who don't speak French want to go on an excursion from Paris.

a Give them the gist of what each excursion offers.

b Prepare a phone call to the RATP office, stating the name and number of a chosen excursion and enquiring about departure time, return time, and cost.

EXCURSIONS SAMEDIS · DIMANCHES ET FÊTES · EN FRANCE · JOURNÉE

112 **Arromanches · 6 juin 1944 «D Day»:** Les plages du Débarquement: visite guidée du musée du Débarquement présentant un ensemble de maquettes, de photographies, de dioramas, d'armes et d'équipements de soldats alliés. Film projeté en fin de visite. Le port artificiel. Omaha-Beach: le cimetière américain de Normandie et les monuments commémoratifs situés au sommet d'une falaise dominant la plage qui fut le théâtre de la plus grande opération amphibie de débarquement de troupes de l'histoire.

118 **Croisière sur l'Yonne:** Au départ d'Auxerre, embarquement sur le bateau-mouche qui au fil de l'Yonne et au pied du vignoble de l'Auxerrois fait découvrir quelques-uns des plus beaux paysages de Bourgogne. Déjeuner à bord inclus dans le prix avec boissons. Dégustation de Crémant de Bourgogne dans une cave à Bailly.

122 **Gala au Lude:** Spectacle nocturne retraçant cinq siècles d'histoire sur les bords du Loire, dans le cadre de l'ancien château féodal du Lude, transformé en demeure de plaisance. Soirée animée par les habitants du Lude qui vous présenteront 350 personnages costumés, des ballets, des jeux d'eau et un feu d'artifice. Visite du château-fort de Châteaudun (se munir de vêtements chauds).

127 **Déjeuner au Parc du Marquenterre:** Visite du parc ornithologique du Marquenterre: un site pour l'homme, un refuge pour les oiseaux. **Déjeuner inclus dans le prix**

133 **Le Touquet:** Un après-midi à «Paris-Plage», la station la plus élégante de la Côte d'Opale, créée au XIXe siècle à l'embouchure de la Canche. Son front de mer toujours animé, sa plage de sable fin, sa forêt dissimulant villas cossues ou cottages britanniques, sans oublier son hippodrome.

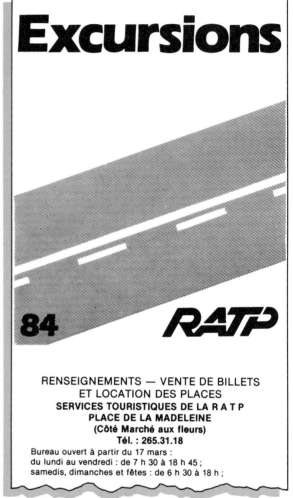

Excursions

84 **RATP**

RENSEIGNEMENTS — VENTE DE BILLETS
ET LOCATION DES PLACES
SERVICES TOURISTIQUES DE LA R A T P
PLACE DE LA MADELEINE
(Côté Marché aux fleurs)
Tél. : 265.31.18
Bureau ouvert à partir du 17 mars :
du lundi au vendredi : de 7 h 30 à 18 h 45 ;
samedis, dimanches et fêtes : de 6 h 30 à 18 h ;

Des renseignements

Here is someone answering enquiries about departure and return times, and prices, of the above excursions. Copy out this grid and jot down the information given:

Excursion	Dep.	Ret.	Cost
112			
118			
122			
127			
133			

▲ The following expressions will be useful for making enquiries about excursions, and for confirming information:

Je voudrais	réserver / louer	une place / deux places	pour	la visite de/du/de la, *etc.* / l'excursion à/au/à la, *etc.*
Il y a toujours des places libres?				
Il y a une réduction pour enfants/groupes/étudiants/personnes âgées?				

Ça part / Ça retourne	quand? / à quelle heure?	Ça part / Ça revient	à......heures	, je crois? / , n'est-ce pas? / C'est bien ça?
Ça coûte combien?		Ça coûte......francs, je crois, *etc.*		

▮ Qu'est-ce qu'ils disent?

Listen to this loudspeaker van announcing three different activities. Copy out the grid and give the information asked for.

Activity	Time	Venue
1		
2		
3		

Qu'est-ce que ça veut dire?

Copy out the symbols from this guide-book extract and jot down for someone who doesn't understand French what they mean in English:

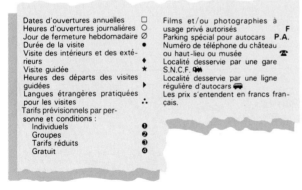

Dates d'ouvertures annuelles	▢
Heures d'ouvertures journalières	○
Jour de fermeture hebdomadaire	∅
Durée de la visite	●
Visite des intérieurs et des extérieurs	◆
Visite guidée	★
Heures des départs des visites guidées	▶
Langues étrangères pratiquées pour les visites	∴
Tarifs prévisionnels par personne et conditions :	
Individuels	❶
Groupes	❷
Tarifs réduits	❸
Gratuit	❹

Films et/ou photographies à usage privé autorisés	F
Parking spécial pour autocars	P.A.
Numéro de téléphone du château ou haut-lieu ou musée	☎
Localité desservie par une gare S.N.C.F.	⛟
Localité desservie par une ligne régulière d'autocars	🚌
Les prix s'entendent en francs français.	

▮ Play the parts of **A** a British visitor, **B** an RATP employee. Your dialogue should develop thus:

A phones and asks whether there are still seats on one of the RATP excursions for a certain date (see page opposite).

B says there are.

A says he/she would like to book a certain number of seats and asks if there is a reduction for children (or students, OAPs, etc.).

B answers.

A mentions how many are in this category.

B asks for tourist's name (C'est au nom de qui?).

A answers.

Le vendredi 25 juin.
Pendant notre séjour nous comptons faire beaucoup d'excursions dans la région. Peux-tu nous en recommander, en nous disant ce qu'il y a à voir et à faire là-bas?

Et maintenant à toi!

Answer this letter extract from a French friend's parents who are planning to visit your town.

53 Qu'est-ce que tu as fait?

Une carte postale

Here is postcard written by a French boy to his parents from London:

Chers papa et maman,
Je suis arrivé sain et sauf chez les Jackson.
Ils sont très gentils !
Hier, nous sommes allés à Londres. J'ai vu la Tour de Londres et le Buckingham Palace (malheureusement je n'ai pas vu la Reine !). Nous avons visité plusieurs musées. Après avoir pique-niqué dans Regents Park, nous sommes allés au zoo, J'ai acheté plein de souvenirs (et des cadeaux pour vous !) C'était une journée formidable!
Je vous embrasse.
Paul.

Imagine that you are a French teenager writing these postcards to his/her parents, or a friend. What could he/she say?

▲ The following expressions will be useful for saying what you did or didn't do:

J'ai / Je n'ai pas	acheté.../visité.../vu..., *etc.*
Je suis / Je ne suis pas	allé(e).../arrivé(e).../resté(e).../passé(e) par..., *etc.*
Je me suis / Je ne me suis pas	reposé.../amusé..., *etc.*

Séjour en France

Tu es déjà allé(e) en France?

Imagine you are asked this question by a French person. Tell him/her about a holiday you had in France, basing your account on this illustration:

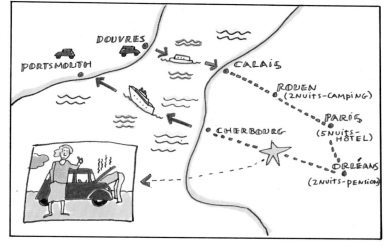

Qu'est-ce que tu as fait là-bas?

Basing your account on these notes and illustrations, tell someone about the 'highlights' of a week's holiday somewhere:

Des excursions...des visites

Listen to these four French teenagers talking about trips/excursions they have made. Number them 1–4 and jot down **a** where they went, **b** any other details they mention.

Et maintenant à toi!

Answer the following letter extract:

es parents.
   Vous êtes restés en Grande-
retagne cet été ou vous êtes
llés à l'étranger? Ma famille
+ moi sommes allés en Grande-
retagne. On a passé une
uitaine de jours à Londres*

In pairs, talk to each other about your holiday last summer. Your dialogue should develop thus:
— Ask where your partner went.
— Ask who he/she went with.
— Ask how he/she went there.
— Ask what he/she did/saw/visited/bought as a souvenir.

You should:
a Say where you went, how long you stayed, and what you did.
b Ask whether he/she did certain things/visited certain places while he/she was in Great Britain.
c Ask why he/she didn't come to see you!

*Change to a large town in your own area.

 27a–d, 29a–e, 41b,f, 56

54 Vous n'avez rien à déclarer?

A la douane

Listen to this dialogue between a French
customs officer and a French woman
returning home from Great Britain. Then
answer these questions:

1 What luggage has the lady got?
2 Has she any of the following, and if so,
  how much: tobacco, alcohol, perfume?
3 What else does she declare?

▲ These expressions will be useful when passing through
French customs:

Je n'ai rien à déclarer. Je n'ai pas de/d'…… J'ai seulement un/une/du/de la/de l'/des…… C'est un/une…… | (que j'ai acheté(e) (s) pour……) Ce sont des…… |	Est-ce que	c'est permis? ça va? ça dépasse la limite?

Et vous, monsieur?...Et vous, madame?

Suggest what these people are saying to the customs officer
as they go through French customs:

Vous n'avez rien à déclarer?

A noter!

Here are some extracts from a customs handout. Read the information and answer the questions:

à l'entrée en France

Vous pouvez apporter dans vos bagages à main sans avoir à payer de frais de douane les marchandises suivantes:

DES DENREES ET OBJETS

- Pour une valeur limite équivalente à 1 400 FF (1) (400 FF pour les personnes âgées de moins de 15 ans),
  si vous venez d'un pays de la C.E.E.
- Chiens et chats de moins de trois mois: entrée en France interdite.
- Chiens et chats de plus de trois mois:
  entrée en France limitée à trois animaux (dont un seul chiot) sur présentation d'un certificat de vaccination contre la rage ou d'un certificat attestant que les animaux sont originaires d'un pays indemne de rage depuis plus de trois ans.
- Les autres animaux de race domestique sont soumis à des formalités spéciales.
- Certains produits destinés à la consommation personnelle des voyageurs sont dispensés des formalités sanitaires:
  — viandes et autres denrées animales dans la limite de 1 kg.
  — produits de la mer ou d'eau douce dans la limite de 2 kg.

DEVISES

billets de banque français	billets de banque étrangers
Sans limitation.	Sans limitation.

AFFAIRES PERSONNELLES

Sont admis sans formalités tous les objets à usage personnel (y compris les bicyclettes, engins et articles de sport) en cours d'utilisation, contenus ou non dans les bagages. Ces objets ne peuvent être ni vendus ni donnés en France. **Ils doivent être réexportés**

sont interdits

A L'ENTREE EN FRANCE

A TITRE ABSOLU:

- les stupéfiants,
- les armes (autres que de chasse et de tir).

au départ de France

Vous pouvez emporter des souvenirs achetés en France, quelle que soit leur valeur.

Les objets d'art et de collection sont soumis à certaines formalités.

---

1 In what connection is 1 400 francs mentioned?
2 What information is given about bringing animals into France?
3 What information is given about bringing foodstuffs into France?
4 What regulations apply to bicycles and sports goods?
5 How much currency can be taken into France?
6 What things are absolutely forbidden?
7 What regulations apply about taking souvenirs out of France?

▨ Play the parts of **A** a customs official, **B** a tourist. Your dialogue should be based on the chart given opposite and should develop thus:

A asks **B** what he/she has in his/her case/bag.

B states what he/she has and how much. If anything is not mentioned, **A** enquires about it (Et du parfum?/Vous avez du parfum? etc.)

B answers.

A jots down what **B** says and then goes through the items, saying whether they are all right or not (Les cigarettes, ça va/Le parfum, ça dépasse la limite, etc.)

- **Vous venez d'un pays membre de la C.E.E.**
  300 cigarettes ou 150 cigarillos, ou 75 cigares, ou 400 grammes de tabac à fumer.

Autres marchandises	Pays membres de la C.E.E.
Boissons alcoolisées	
Vins tranquilles	4 litres
et	
● Soit boissons titrant plus de 22°	1,5 litre
● Soit boissons titrant 20° ou moins	3 litres
et parfums	75 g
et eaux de toilette	37,5 cl
et café	750 g
ou extraits et essences de café	300 g
et thé	150g
ou extraits et essences de thé	60 g

G 42c, 50a–d, 53c

Révision I

Séjours en hôte payant

Read the following extract from the **CIDJ (Centre d'Information et de Documentation Jeunesse)** brochure about staying in France as a paying guest. Then answer the questions:

SEJOURS EN HOTE PAYANT EN FRANCE

Le séjour en «Hôte Payant» en France permet à des jeunes étrangers de perfectionner leur connaissance du français en s'intégrant à la vie d'une famille. Les familles sont sélectionnées par les organismes. Les séjours doivent être d'un minimum de 15 jours et les prix varient selon les familles, la région, le séjour en pension complète ou en 1/2 pension. En général des cours de français sont donnés aux jeunes étrangers.

ACCUEIL FAMILIAL DES JEUNES ETRANGERS
23, rue du Cherche-Midi
75006 — PARIS
Tél: 222.50.34

Tous âges, toute l'année.
Paris, banlieue, province.
Avec ou sans cours de français.
Prix: 115 Frs à 180 Frs par jour en pension.
110 Frs à 130 Frs par jour en 1/2 pension.

AMICALE CULTURELLE INTERNATIONALE
27, rue Godot de Mauroy
75009 — PARIS
Tél: 742.94.21

A partir de 17–18 ans.
Paris, banlieue, province.
Sans cours de français.
Prix: 90 Frs à 115 Frs par jour en pension.
110 Frs par jour environ en 1/2 pension.

Cours de français pour étrangers

Read the following extract from the **CIDJ** brochure about French courses for foreigners in Paris. Then answer the questions:

COURS DE FRANÇAIS POUR ETRANGERS A PARIS

Les cours de français mentionnés ci-dessous s'adressent aux étrangers de niveau de fin d'études secondaires, ayant déjà étudié le français dans leur pays ou ne connaissant pas du tout le français.
Cependant certains cours du soir gratuits s'adressent particulièrement à des travailleurs étrangers ayant un niveau scolaire moyen.

Centre de recherche et d'étude pour la diffusion du français (CREDIF)
Centre d'application pédagogique
8 rue Jean Calvin
Tél: 337 50 59
Métro: Censier-Deubenton

3 niveaux en général: débutants, faux débutants, perfectionnement
9h à 12 h par semaine × 3 mois = 1200 Frs
+ 50 Frs d'inscription annuelle
inscriptions fin septembre-début octobre

Alliance française
101, boulevard Raspail
Tél: 544 38 28
Métro: Rennes ou Sèvres-Babylone

Tous niveaux.
Langue, civilisation française, français commercial, cours
***par correspondance**.*
8h45 par semaine × 4 semaines = 580 Frs
17h30 par semaine × 4 semaines = 1.160 Frs

---

1 What are the two aims of such stays?
2 What is the regulation about the length of such stays?
3 Which of the individual organizations offers the best terms?
4 What is different about **Amicale Culturelle Internationale**?

1 What different groups of people are mentioned in the introduction?
2 Work out the details of the terms of the individual centres.
3 Prepare a telephone call to one of these centres, giving details of yourself and saying that you'd like to join one of these classes.

LA VIE DU GENERAL DE GAULLE

Charles André Joseph Marie de Gaulle est né le 22 novembre 1890 à Lille dans le Nord de la France.

A l'école il était un très bon élève. Sa matière préférée était l'histoire; il en était passionné!

En 1910 il est entré à l'école militaire de Saint-Cyr. Ses camarades l'ont surnommé 'double-mètre' à cause de sa taille!

Pendant la Première Guerre Mondiale (1914/18) il était capitaine à l'infanterie. Il était très courageux. A la bataille de Verdun il a été blessé. Les Allemands l'ont capturé, mais il s'est évadé!

Quand la France a été occupée par les Allemands en 1940, il s'est réfugié en Angleterre. Il a organisé la Résistance française de son quartier général à Londres.

Lors de la Libération de Paris, le 24 août 1944, il est entré en vainqueur dans la Capitale. Il était un héros national!

A la fin de la guerre, il a été élu Président de la République, mais il a démissionné en 1946. Mais, quand la guerre a éclaté en Algérie en 1958, il a été réélu; on avait besoin de lui pour résoudre ce grave problème.

Il a joué un rôle très important dans le développement de la CEE. En 1963 et en 1967 il s'est opposé à l'entrée de la Grande Bretagne. Son «Non» est devenu célèbre!

Peu à peu il a perdu sa popularité. En 1968 il y a eu des manifestations violentes contre son gouvernement et il a quitté la vie politique pour de bon en 1969. Il est mort le 9 novembre 1970.

a Using the above life story as a model, sketch out details of the life story of someone (living or dead) you admire.

b Imagine that you become world-famous over the next few years for some outstanding feat. Sketch out your·life story as it might be written by a biographer in 100 years time. Be factually accurate up to the present time. After that... not even the sky's the limit!

Bonnes vacances!

The illustrations below represent the holidays which these
three French teenagers had last year. Work out what each
one is saying about his/her holiday. Include all of the details
in the illustrations:

HÉLÈNE

NICOLAS

ALICE

Voyager par avion

A l'aéroport

Dans l'avion

Regardez ces deux images.
Decrivez les personnes. Que font-ils? Imaginez les dialogues.

Bon voyage!

Read this extract from the brochure which Air France issues
to its passengers, and answer the questions:

Installez-vous confortablemènt

Votre siège et son équipement

A portée de la main, sur votre fauteuil ou à proximité immédiate,
vous disposez:
- d'un bouton poussoir qui vous permet d'incliner le dossier de
  votre siège;
- d'un cendrier pour fumeur;
- d'une commande de lumière individuelle;
- d'un appel «hôtesse»;
- d'un aérateur réglable.

- Vous trouverez dans la pochette du fauteull, devant vous, les
  consignes de sécurité et un petit sac en papier (pour l'éventuel
  mal de l'air...).

Votre bagage de cabine

Avant de vous asseoir vous avez rangé vos bagages à main
(vêtements, sacs, etc.) dans le compartiment situé au-dessus de
votre siège. Vous avez glissé votre bagage de cabine sous le
slège devant vous; bagage et effets personnels restent ainsi
sous votre surveillance pendant toute la durée de votre voyage.

Un seul bagage est autorisé en cabine, ses dimensions totales ne
doivent pas excéder 115 cm (somme des trois dimensions 55 +
40 + 20 cm par exemple). N'y mettez aucun article tel que
ciseaux, objets tranchants, armes ou tous objets y ressemblant,
qui seraient retirés lors des contrôles de sécurité. Conservez
avec vous en cabine, vos médicaments, objets fragiles ou de
valeur (devises bijoux...), papiers d'affaires ou importants.

Vos bagages de soute

Prenez des valises solides et n'oubliez pas de les fermer à clé.
Les différents modèles de bagages se ressemblent beaucoup.
Donnez une identité aux vôtres en fixant une étiquette à l'intérieur
et à l'extérieur. Les comptoirs Air France peuvent vous en fournir.

Pour votre toilette

Vous trouverez dans les toilettes, savonnettes, serviettes, eau
de toilette et une prise de courant de 115 volts. Sur les long-
courriers, rasoirs mécaniques et crème à raser vous seront
offerts sur simple demande. On vous offrira 'également une
brosse à dent en Première et classe Affaires.

---

1 What can you expect to find on and
around your seat?
2 What instructions are you given about
where to put
a your small hand luggage?
b your main hand luggage?
3 What are you told about size and contents
of hand luggage?

4 What advice are you given about your
checked baggage?
5 What are you told to keep with you?
6 What arrangements are made for your
personal hygiene?
7 What special privilege is given to First
Class and Business Class passengers?!

55 Jours de fête

Bon anniversaire!

Je m'appelle Mireille Maureau. Je suis née le premier mai 1972 à Liège en Belgique.

Je m'appelle Félix Koumassi. Mon anniversaire est le vingt et un novembre. Je suis né en 1973 à Abidjan en Côte d'Ivoire.

▮ Et vous?

Listen to these five French people giving their names, spelling them, and saying when and where they were born. Number the speakers 1–5 and jot down this information.

▲ The following expressions will be useful for talking about birthday and Christmas presents:

J'ai reçu	de l'argent
J'espère recevoir	des vêtements
Mon frère/Ma sœur m'a donné	un disque, *etc.*
Mes parents m'ont donné	

Quelle chance!

This boy has been lucky with his birthday/Christmas presents! Work out how he would answer the question **Qu'est-ce que tu as reçu comme cadeaux d'anniversaire/de Noël?**

Préparatifs pour Noël

Imagine that you are a member of this French family. Using these pictures as a guide, say **a** what you do each year at Christmas time, **b** what you did last Christmas.

Des cartes...des cartes

▲ Prepare card messages for these situations. You will need the words and expressions in the box, and those on the cards opposite:

Je	te	souhaite......	Pâques
	vous		bonne chance
Meilleurs vœux pour......			le mariage

1 Wish your correspondent a happy birthday.
2 Wish him/her a happy **fête** day.
3 Wish a French family a happy Christmas.
4 Wish them a happy New Year.
5 Send them Easter greetings.
6 Wish your correspondent good luck (in an exam, etc.).
7 Send best wishes to his/her brother/sister for their wedding.

■ Play the parts of two people who have just met. Ask each other the following questions:

Quel âge as-tu?
(Et toi?)
Quelle est la date de ton anniversaire?
Où es-tu né(e)?
Qu'est-ce que tu as reçu comme cadeaux l'année dernière?
Qu'est-ce que tu espères recevoir cette année?

Et maintenant à toi!

Answer this letter extract:

avec mes parents.
Excuse-moi d'avoir oublié ton anniversaire! C'était le 23 juin, n'est-ce-pas? C'est trop tard pour t'envoyer une carte, mais pas trop tard pour un cadeau! J'espère que ce disque te plaira. Jean-Jacques Goldman est très populaire en France en ce moment. Est-ce qu'il est bien connu en Grande-Bretagne? Raconte-moi ce que tu as fait pour fêter ton anniversaire, et ce que tu as reçu comme cadeaux.

G 43, 44, 57

56 On va avoir une boum

Tout est prêt!

a What a transformation! The room above has been prepared for a party. Describe in French what has been done.

b Design an invitation card for this party. Don't forget to say where and when the party is and what the guests should bring.

▲ Here is a list of things which need doing when organizing or clearing up after a party:

> envoyer/distribuer les invitations
> acheter de quoi manger/de quoi boire
> inviter Simon, etc.
> téléphoner à Simone, etc.
> trouver un bon magnétophone, etc.
> apporter des cassettes/disques, etc.
> enregistrer des chansons
> enlever des meubles/le tapis, etc.

> préparer la nourriture
> payer la nourriture/les boissons
> mettre la table
> emprunter des verres, des chaises, etc.
> laver/faire la vaisselle
> ranger la vaisselle/les meubles, etc.
> nettoyer la moquette, etc.
> remettre les meubles en place

◢ Qui va faire quoi?

In pairs, work out some short dialogues between French teenagers discussing the organization of a party. Use the following structures, all of which are followed by an infinitive:

> Il faut.../Il va falloir...
> Qui va...?
> Moi, je (ne) vais (pas)...
> Toi, tu vas...
> Est-ce que tu veux/peux...
> Je (ne) veux/peux (pas)...
> Je préfère...

📻 On va l'inviter?

These two teenagers need some more people to complete their guest list. They have six 'possibles'. Copy out the grid below and jot down **a** whether or not each person is invited, and **b** what reasons are given:

Name	✓ ✗	Reason(s)
Marcel		
Anny		
Éric		
Véronique		
Patrick		
Ruth		

Pas possible!

Here are some accidents and mishaps which can occur at a party:

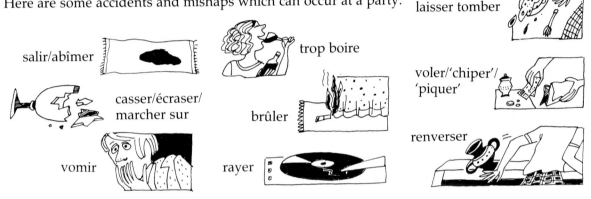

laisser tomber

salir/abîmer

trop boire

casser/écraser/marcher sur

brûler

voler/'chiper'/'piquer'

renverser

vomir

rayer

📻 C'était une catastrophe!

Listen to this French teenager speaking about a party which went wrong. Try to identify five problems they had.

Play the parts of two French teenagers on the telephone. After the usual pleasantries, your dialogue should develop thus:
A asks whether **B** would like to come to a party.
B asks when and where it is.
B answers.

B accepts invitation and asks whether he/she can help or bring something.
A suggests ways in which he/she can help and what he/she can bring.
B agrees and says he'll/she'll see him/her at the party. (A samedi soir, alors!)

Et maintenant à toi!

Write an answer to this letter extract, telling your French pen-friend about a really successful party!

> récemment.
> Tu as dit dans ta dernière lettre que tu allais organiser
> une boum chez toi. Je présume que ça a été un
> grand succès?

G 27a–c, 28, 35a, 42a, 43a–f

57 Comment c'était?

▌ Ça s'est bien passé?

Listen to these two people speaking about their holidays. One family obviously had a good time; the other didn't! Then answer the questions:

1 Where did each family go for their holidays?
2 What sort of holiday did each family have?
3 Give five reasons why each family did/ didn't enjoy the holiday.

▲ Here are some expressions which will be useful for saying how much you enjoyed something:

> Ç'a m'a beaucoup plu.
> Je me suis bien amusé(e).
> C'était formidable, extra, chouette, *etc.*
> C(e n)'était pas mal.
> Ça ne m'a pas plu.
> Je me suis ennuyé(e).
> C'était ennuyeux, casse-pieds, *etc.*

De quoi est-ce qu'ils parlent?

Here are some comments which people might make about things they have done/that have happened. Using a grid like the one opposite, divide the comments into positive, negative, and ambiguous, and suggest what they might be talking about in each case:

Remarque	+/?/-	De quoi est-ce qu'il/elle parle?

C'était très excitant!

C'était très confortable!

Il y avait de l'ambiance!

Ça m'a fait peur!

C'était exorbitant!

Le service était excellent!

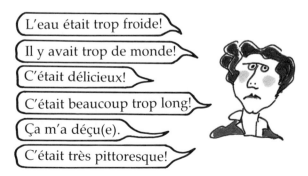

L'eau était trop froide!

Il y avait trop de monde!

C'était délicieux!

C'était beaucoup trop long!

Ça m'a déçu(e).

C'était très pittoresque!

Saying what you thought of things

Vous avez un problème?

Here is a letter written to the 'agony column' of a French teenage magazine. Try to work out what the girl's problem is, and what the 'agony aunt', Geneviève, suggests:

> **Chris 14 ans**
>
> **'Je me suis ennuyée pendant les vacances'**
>
> Chère Geneviève,
> Cet été, mes copains sont tous partis en vacances; moi, j'ai dû rester chez moi, car mes parents ont passé les vacances à bricoler et à décorer la maison! Je me suis ennuyée ferme. Alors, l'année prochaine, je voudrais aller dans un camp d'ado. Mais je ne sais pas où m'adresser. Peux-tu me renseigner? Je lirai attentivement les prochains numéros.
>
> Ma chère petite Chris,
> Il existe quantité d'organismes qui prennent en charge les adolescents pendant les vacances scolaires, y compris celles de Pâques et de Noël. Généralement, les mairies disposent d'un certain nombre d'adresses et c'est là que je te conseille de t'adresser. De plus, selon le revenu de tes parents, tu pourras bénéficier d'une aide financière. Il se peut également qu'il existe sur le lieu de travail de tes parents, un comité d'entreprise qui organise lui aussi les vacances des enfants des employés. Tu as toute une année pour trouver le camp qui te conviendra le mieux et je ne doute pas que tu y parviendras. Je t'embrasse très fort.

Imagine you were in Chris's position. Write a letter (or notes for a phone call) to the people Chris is advised to contact.

A mon avis...

The questionnaire below is inviting a hotel's guests to comment about various aspects of its service. Imagine you were a guest there and make suitable comments after **a** an enjoyable stay, and **b** a disappointing stay:

	Remarques
Accueil	
Service	
Repas	
Chambre	

Play the parts of **A** a French host, **B** a British guest. Your dialogue should develop thus:

A asks where the guest has been (Où est-ce que tu es allé(e) aujourd'hui/ce soir? etc.)
B answers.
A asks what it was like.
B answers.
A asks why (Vraiment? Pourquoi tu dis ça?)
B answers.

Et maintenant à toi!

Answer this letter extract:

> cet été. Tu ne m'as pas encore dit où vous êtes allés en vacances cette année. Comment ça s'est passé, ton séjour? J'espère que tu t'es bien amusé(e) ainsi que toute ta famille.

a Answer assuming you had a good time (Notre séjour était formidable, car...)
b Answer assuming you had an awful time (Notre séjour était affreux, car...)

G 29b, 33, 43, 44

58 L'avenir

Les astres prédisent...

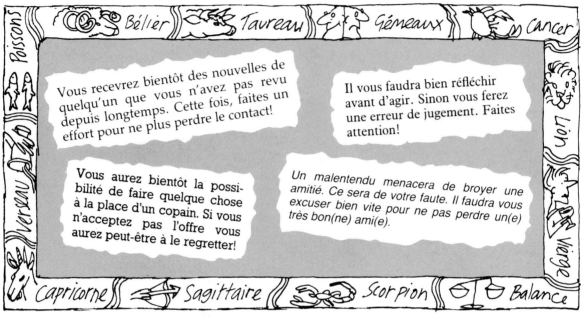

Vous recevrez bientôt des nouvelles de quelqu'un que vous n'avez pas revu depuis longtemps. Cette fois, faites un effort pour ne plus perdre le contact!

Il vous faudra bien réfléchir avant d'agir. Sinon vous ferez une erreur de jugement. Faites attention!

Vous aurez bientôt la possibilité de faire quelque chose à la place d'un copain. Si vous n'acceptez pas l'offre vous aurez peut-être à le regretter!

Un malentendu menacera de broyer une amitié. Ce sera de votre faute. Il faudra vous excuser bien vite pour ne pas perdre un(e) très bon(ne) ami(e).

Quand es-tu né(e)?
Sous quel signe du zodiaque?

Imagine that you found these four horoscopes under your zodiac sign in four different magazines.
a Work out the gist of each horoscope in English.
b Try to explain in simple French what is supposed to be happening to you over the next week or so.
c As a class group, discuss in French a week later whether any of the horoscopes were accurate for any of you.

▲ The following expressions will be useful for talking about future plans:

Je	voudrais vais compte	être devenir travailler comme	vendeur/vendeuse, etc.
J'espère J'ai l'intention de/d' Je ne vais pas			

quitter l'école faire un apprentissage poursuivre les études aller à l'université trouver un emploi	acheter une voiture/une maison, etc. travailler à l'étranger émigrer/vivre en France, *etc.* se marier (je vais me marier) avoir des enfants

▣ Quant à l'avenir…

Listen to these extracts from interviews with five French teenagers in which they talk about their future plans. Then answer these questions:

a
1 How old is Simone?
2 What does she say about school?
3 What sort of job is she hoping to get?

b
1 What does Marc hope to be?
2 What training will this involve?
3 What two benefits make the training worthwhile?

c
1 When is Pierre going to leave school?
2 What are his short term plans?
3 What are his long term plans?

d
1 What does Marie-Thérèse hope to be?
2 What training will this involve?
3 What does she say about getting married?

e
1 What sort of work would Yves like to do?
2 What can he fall back on if he's unsuccessful in this?
3 Why does he think he's lucky?

Mon avenir

▣ Here are four more French teenagers speaking about how they see their future. Number the speakers 1–4 and jot down as many details as you can.

Qu'est-ce qu'ils veulent faire dans la vie?

Work out what these people are saying about their future plans:

▮ Interview one another about future plans. After the lead question ('Quels sont tes/vos projets pour l'avenir?') further details can be requested by asking 'Puis?' 'Et ensuite?' 'Et après ça?'.

Et maintenant à toi!

Answer the following letter extract:

importante ⏤ est-ce que je t'ai déjà dit que je vais quitter l'école cet été? Toi aussi? J'ai trouvé un boulot. Je vais travailler au centre commercial Rallye. Qu'est-ce que tu espères faire quand tes examens seront terminés? Parle-moi un peu de tes projets pour l'avenir. Est-ce que tu as l'intention de

🄶 35a–d, 42a,b

59 La lecture

▣ Ce que je lis

Un kiosque à journaux

Dans une librairie

Des illustrés

Listen to these three people talking about what they read, and answer the questions:

a 1 How much do the magazines the girl mentions cost?
2 What four features does she say she likes?

b 1 What does the boy say he reads in the newspaper?
2 What doesn't he read and why?

c 1 When does the boy say he does his reading?
2 What are his likes and dislikes?

▲ Here are some things you might like reading/looking at:

> Les journaux, les illustrés/magazines, les contes, les romans, les romans policiers, la science-fiction, les pièces de théâtre, les poèmes/la poésie, l'autobiographie, la biographie, les livres de poche
>
> les articles (sur la mode, etc..), les actualités, les faits-divers, les pages sportives, les lettres des lecteurs/lectrices, les petites annonces, les horoscopes, les bandes dessinées, les concours, les mots croisés

Et toi?

Using the phrases below, talk about your reading preferences:

> Je n'aime pas ça!
> Je déteste ça!
> Ça ne m'intéresse pas du tout!
> Ça ne me dit rien!

> J'aime ça!
> Ça me plaît énormément!
> J'adore ça!
> Ça m'intéresse beaucoup!

> Ça ne m'intéresse pas tellement.
> Ça ne me dit pas grand'chose.
> Ça va!

Talking about what you read

Ce que j'ai lu récemment

Listen to these four French teenagers talking about a book
they read recently. Number the speakers 1–4 and jot down
as many details as you can about each book.

Petites annonces

Here are some of the usual headings for small ads in French newspapers:

A VENDRE	**PERDU, TROUVÉ**	**DEMANDES D'EMPLOI**	**MAISONS À VENDRE**
ON DÉSIRE ACHETER	**ANIMAUX**	**OFFRES D'EMPLOI**	**MOTOS, VOITURES**
VÉLOS, VÉLOMOTEURS	**BATEAUX**	**LOCATION**	**DIVERS**

a In pairs, work out which headings apply to each of these
advertisements and then jot down what they are offering,
requesting, etc.

1 A vendre MOBYLETTE 1.000 F à débattre. Tél. (33) 31.77.25. N° 6018086.

2 Trouvé GOURMETTE prénom Gaëlle. Tél. 27.33.03. N° 6018268.

3 **Anglaise, 28 ans, étudiante,** cherche, en vue améliorer français, poste de vendeuse mi-temps. De préférence dans le sud Finistère. Connaissances en couture. Tél. (98) 59.20.47.

4 **Cherche meublé (chambre-cuisine)** ou F1, proximité rue Anatole-France à Brest. Urgent. Tél. (43) 28.28.44. Saloux, 22, rue de Bolton, Le Mans 72000.

5 Cherche personne pour GARDER ENFANTS à domicile, sortie scolaire. S'adresser au journal. N° 6018298.

6 Vends, cause départ urgent, 1 CANAPÉ; FRIGIDAIRE CONGÉLATEUR; TABLE cuisine; LIT, 1 personne; TABLE CAMPING; BUREAU; FAUTEUIL bois. Tél. 26.08.40. N° 6018304.

7 A louer, Quiberon, studio face au port. Tél. (97) 63.11.36.

8 A vendre CHIOTS Colley ou Bergers d'Ecosse. Tél. (33) 29.50.91 de 14 h à 19 h poste 406. N° 6018239.

9 Cherche à acheter MACHINE A COUDRE, bon état. Tél. 29.73.39 heures repas. N° 6017696.

10 A vendre VELO FEMME, neuf, marque Peugeot. Naveau Jacques, 7, rue Cuvier, Alençon. Tél 29.81.56. N° 6018089.

11 A vendre 2 ROUES + PNEUS cloutés 404, 2 roues + pneus cloutés Ritmo. Tél. (33) 26.23.14. N° 6018301.

12 A vendre PLANCHE à VOILE Crit 600, complète, 2.000 F + accessoires; Tél. 26.53.61. N° 6018249.

13 Cause double emploi, vends FIAT Ritmo 60 CL, B.E., année 85, 84.000 km, prix à débattre. Tél. 29.43.16. N° 6018119.

14 Jeune femme, 30 ans, cherche AMIS (ES) sur Alençon, pour rompre solitude. Ecrire au journal qui transmettra. N° 6018224.

15 A vendre CHAINE HI-FI complète, 2 × 50 W. état neuf, 4.000 F. Tél. (33) 28.75.20. N° 6018193.

b Play the parts of two French people. Prepare two
dialogues in which each partner phones up the other
about one of the above small ads. This could involve
a asking for further information, **b** arranging a meeting,
c making an offer.

Et maintenant à toi!

Answer this letter extract:

> Merci pour le livre que tu m'as envoyé. J'aime les romans d'espionnage. J'en ai déjà lu quelques pages. Je trouve l'anglais un peu difficile, mais à l'aide d'un dictionnaire, ça va (lentement!) Tu aimes ce genre de livre, toi? Tu lis beaucoup? Qui est ton auteur préféré?

G 1a, 16, 17a, b, 22b, 43, 44

60 A la prochaine!

C'est pour offrir?

Here is a girl buying presents before leaving France. Listen
to her conversation with the shop assistant and answer the questions:

1 Where is the girl from?
2 When is she going back home?
3 For whom does she need to buy a present
   and how old is the person in question?
4 How much does she want to spend?

5 What things are recommended?
6 What do they cost?
7 Which one does she take?
8 What is the shop assistant's final question?

▲ The following expressions will be useful for buying presents:

C'est pour offrir. Voulez-vous l'/les emballer?			
Pouvez-vous recommander	un cadeau pour	mon père/ma mère, *etc.*	
Je cherche		un garçon | de 13 ans, *etc.*	(?)
		une fille	

Cadeaux et souvenirs

This boy is going back to Great Britain soon. Listen to him
talking about the things he has bought (or not yet bought)
as presents for five people. Copy out the grid below and jot
down the information asked for:

Person	Present	Bought yet?	Any other details?

160

Lettre de remerciement

Bristol
le 6 avril

ère Adèle,

Je suis arrivée chez moi il y a une heure et viens de
nir mon premier repas britannique depuis deux semaines!
Je tiens à vous écrire tout de suite pour vous remercier
us d'avoir rendu mon séjour si agréable. Remercie tes parents
e ma part pour les visites et excursions qu'ils m'ont offertes et
our les repas délicieux qu'ils m'ont servis! N'oublie surtout
as de remercier ta soeur d'avoir passé des heures et des
eures à m'aider avec mon français, et tes grands-parents
e m'avoir accueillie à leur ferme.
Après-demain c'est la rentrée à l'école! J'ai
peaucoup de travail à faire avant ça. Heureusement le
français n'est plus un problème!
Ecris-moi bientôt.
Amitiés,
Emma.

1 When did Emma get back from France?
2 How long was she there?
3 Apart from a general 'thank you' for a pleasant stay, whom does Emma thank, and what for?
4 What is facing her now she is back home?
5 What does she say about her French?

▲ You have already learnt how to thank people for things; these expressions will enable you to thank people for having done things for you; and to get people to pass on your thanks:

Je	vous	remercie	d'avoir	payé
	te		de m'avoir	acheté
Veux-tu remercier......de ma part			d'avoir	aidé, *etc.*
			de m'avoir	

Merci beaucoup

Write sentences to thank your correspondent for these things:

— The family all helped you to speak French.
— Your correspondent took you to school.
— His/Her brother gave you a record.
— His/Her sister lent you her moped.
— His/Her mother gave you some recipes.
— His/Her parents took you to Paris.
— His/Her friend invited you to a party.
— His/Her neighbours gave you some magazines.

aider à + *inf.*	emmener
prêter	inviter
donner	

◢ Play the parts of **A** a French host, **B** a British guest. Your dialogue should develop thus:

A asks whether **B** has packed his/her case (Tu as fait ta valise?)
B says whether he/she has or hasn't, and if not, when he/she will do it (Oui, j'ai déjà fait ça/Non, pas encore/Je vais faire ça...).
A asks whether he/she has bought any presents or souvenirs.
B says what he/she has bought and for whom.
A offers him/her things for the journey (Voici......pour le voyage).
B thanks him/her.
A asks if he/she has his/her passport, tickets, etc. (Tu as ton/ta/tes...?)
B answers.

G 42a–c, 43a–f, 44a–e, 50a–d

Révision J

C'est une affaire!

Read the following advertisement for one of the top French teenage magazines and answer the questions:

1 What is the special offer?
2 What three features of the magazine are mentioned?
3 What forms of payment are accepted?

Où aimeraient-ils vivre?

La semaine dernière, tes vedettes préférées t'ont révélé à quelle époque elles aimeraient vivre. Aujourd'hui, elles vont te dévoiler le lieu privilégié où elles désireraient habiter.

SOPHIE MARCEAU

Mon rêve ce serait de vivre sur une île du Pacifique au bord d'un merveilleux lagon bleu. J'aurais un petit bungalow sous les cocotiers et je me la coulerais douce. De temps en temps je reviendrais en France pour faire un film et aussitôt j'y retournerais. Quel délice!

MARC LAVOINE

Moi, j'aimerais habiter Rome. C'est une ville magique avec des monuments à chaque coin de rue. Chaque fois que j'y vais, ça me dépayse et en même temps j'ai l'impression d'y être chez moi. Un jour je m'y installerai.

RITCHY

Le seul nom d'Hollywood me fait décoller. Ce doit être fabuleux de vivre dans un lieu qu'ont fréquenté les plus grandes stars de notre siècle. En habitant Hollywood, j'aurais l'impression d'être parmi elles. Que ne donnerais-je pas pour rencontrer les fantômes de mes idoles, James Dean, Marilyn, Elvis et Bogart …

Et toi? Si tu étais énormément riche, où aimerais-tu vivre? Explique ton choix!

162

Qu'est-ce qu'il faut dire?

Choose remarks from those below which it would be appropriate to make in the above situations. (Sometimes more than one could be used in a given situation.) When would you use the remaining remarks?

Bon appétit!	Bonne chance!	Bonnes vacances!	Bon week-end!
Bon courage!	Bon anniversaire!	Bon séjour!	Bonne fête!
Félicitations!	A tout à l'heure!	Ça alors!	Chapeau!
Enchanté(e)!	Quel dommage!	Chouette!	Quelle chance!
Tant pis!	Formidable!	Ce n'est rien!	Il n'y a pas de quoi!
Au secours!	Ne t'en fais pas!	Pardon!	De rien! Excusez-moi!
Attention!	Bien joué!	Quelle surprise!	Santé! Je suis désolé(e)!

Cherchez l'étranger!

In each of the following series of words there is an odd-man-out. Say (in French) which one it is, and explain why!

1 Renault/Lycée/Citroën/Peugeot/Simca
2 L'Arc de Triomphe/Notre Dame/La Rochelle/La Tour Eiffel/Le Sacré Cœur
3 Le Havre/La Garonne/Le Rhône/La Seine/La Loire
4 Calais/Boulogne/Dieppe/Orly/St-Malo

5 Les Champs Elysées/Les Alpes/Les Pyrénées/Le Jura/Le Massif Central
6 La Manche/Le Mans/L'Atlantique/La Mer du Nord/La Méditerranée
7 L'autobus/Le train/La météo/Le taxi/ L'aéroglisseur
8 La quincaillerie/La chimie/La pâtisserie/La papeterie/La charcuterie

Make up some further examples to test your friends with.

Avez-vous le flair de l'inspecteur?

Read this picture story, then:

a Explain, in French, what happens/happened.

b Explain, in French, why the inspector does not believe Levallet's story.

c Work out, in French, what the inspector might have said to Levallet when he arrested him.

Choisir un métier

Here is part of an advertisement for the correspondence college **Educatel**. The symbols illustrating the various courses have been put in the wrong places.

a Try to match them up again, explaining your choices in French.

b Talk about the various jobs in French, saying whether or not they appeal to you, whether you'd like to do them and why/why not.

Jours de fête

Le premier dimanche de janvier: **Epiphanie/La fête des Rois** — on mange la galette des rois: c'est une galette à la frangipane dans laquelle est cachée une fève (petite figurine qui peut représenter n'importe quoi: une cloche, un sabot, un petit Jésus…). Celui qui a la fève a droit à la couronne du roi, en carton doré. Une fois couronné, le roi doit choisir sa reine parmi les autres convives.

Vers la fin de février: **Mardi Gras** — on mange beaucoup, spécialement des crêpes et des beignets. Il est de coutume aussi de se déguiser et de défiler dans les rues. C'est le carnaval!

Le mercredi qui suit Mardi Gras: **Mercredi des Cendres** — les chrétiens vont à l'Eglise pour y recevoir les cendres (sur le front et le menton). C'est le premier jour du Carême.

Huit jours avant Pâques: **Fête des Ramaux** — les chrétiens vont à l'église avec du buis qu'ils ont cueilli afin de le faire bénir et de l'accrocher chez eux sur un crucifix.

Fin de mars/avril/début de mai: **Pâques** — pour les petits on cache des œufs en chocolat, enveloppés de papier colorié, dans la maison, dans le jardin. Si l'enfant les trouve, il les mange.

1er avril — n'est pas un jour férié. Il est de coutume de se faire des blagues de toutes sortes. On découpe des poissons d'avril en papier que l'on accroche dans le dos de ses camarades.

8 mai: **Ste. Jeanne d'Arc** — défilés dans la rue, avec fanfares et majorettes (surtout en Lorraine).

Fin de la 2ème Guerre Mondiale — défilés militaires.

Dernier dimanche de mai: **Fête des mères** — on offre un cadeau à sa mère.

Dernier dimanche de juin: **Fête des pères** — on offre un cadeau à son père.

14 juillet: **Fête de la Prise de la Bastille** — jour férié; feux d'artifice, défilés militaires (surtout sur les Champs Elysées), discours du Président.

6 décembre: **St. Nicolas** — défilés dans la rue; St. Nicolas (monsieur habillé d'un long manteau rouge, portant une barbe blanche) traverse la ville sur un char tiré par des chevaux. Il distribue des bonbons aux enfants sages.

le 24 décembre: **Noël** — le soir on **réveillonne** (on mange beaucoup et tard). Le lendemain matin les enfants trouvent leurs cadeaux dans leurs chaussures déposées au pied de l'arbre de Noël.

Dernier jour de l'année: **St. Sylvestre** — on mange, on boit, on danse, on se fait beau, on sort beaucoup.

Imagine you are discussing these festivals with a French person in French:
a Say whether the British celebrate them.
b Say whether they celebrate them in the same way as the French, and if not, how they do celebrate them.
c Mention any other British festivals and how they are celebrated.

Grammar survey

The articles

1 The definite article (the)

	singular	plural
masc.	le (l')	les
fem.	la (l')	les

There are cases where the definite article is used in French but not in English. The most common are:

a Nouns used in a general sense:

J'aime **le** thé. J'adore **les** chats. Je n'aime pas **les** fruits.

b Countries, geographical areas and features, languages:

La France[1] est un beau pays.
On a visité **la** Bretagne[1].
J'ai vu **le** Mont Blanc.
J'apprends **le** français[2].

c Titles:

Monsieur **le** maire
la reine Elizabeth

d Saying what things cost:

4 francs **le** paquet
9 francs **le** kilo

e When talking about parts of the body the definite article is usually used in French where in English we would use no article or use a possessive adjective (my, your, etc.):

J'ai **les** yeux bleus, **les** cheveux longs.
Je me suis coupé **la** main, cassé **le** bras.

f Telephone numbers:

Mon numéro de téléphone est **le** 50.84.10.
Tu peux me téléphoner **au** 50.84.10.

[1]With feminine countries and regions the article is dropped after the preposition **en**: **en** France, **en** Ecosse, **en** Bretagne, **en** Normandie.

[2]The article is not used with the verb **parler**: Je parle français.

2 'A' + definite article

The preposition **à** (= to, at) cannot stand with either **le** or **les**. It combines with them to form **au** and **aux**.

le café — **au** café
la gare — à la gare
l'école — à l'école
les quais — **aux** quais

3 'De' + definite article

The preposition **de** (= of, from) cannot stand with either **le** or **les**. It combines with them to form **du** and **des**.

le café — la terrasse **du** café
la rue — le coin de la rue
l'hôtel — le nom de l'hôtel
les magasins — les noms **des** magasins

4 The indefinite article (a, some)

	singular	plural
masc.	un	des
fem.	une	des

There are cases where the indefinite article is used in English but not in French. The most common are:

a Jobs and nationalities:

Il est Français[1]. Elle est Allemande[1]. Ils sont Anglais[1].
Mon père est ingénieur. Je suis étudiant(e).
Mon frère espère devenir médecin.

b Quel(le)...!
Quel soulagement! Quelle surprise!

[1]The article is included after **c'est/ce sont**:
C'est **un** Français. C'est **une** Allemande. Ce sont **des** Anglais.

5 The partitive article (some, any)

	singular	plural
masc.	du/de l'	des
fem.	de la/de l'	des

166

Voici **du** pain.
Est-ce qu'il reste **de la** confiture?
J'ai **de** l'argent sur moi.
Je vais acheter **des** cartes postales.

Du/de l'/de la/des change to **de/d'** in the following cases:

a After a negative[1]:

Je n'ai pas **d'**argent.
Il n'y a plus **de** pain.

b Before an adjective which stands before the noun:

Il y a **d'**énormes immeubles en ville.
Il a acheté **de** beaux vêtements.

c After **quelque chose** and **rien**:

J'ai quelque chose **d'**important à te dire.
Qu'est-ce qu'il y a à la télé? Rien **d'**intéressant.

d After **avoir besoin** (meaning to need...):

J'ai besoin **d'**argent, **d'**enveloppes, **de** papier.

e After expressions of quantity:

du temps — combien **de** temps?
de l'huile — une bouteille **d'**huile
de la confiture — un pot **de** confiture
des élèves — un groupe/beaucoup **d'**élèves

[1]An exception to this is **ne...que** (only):
Il ne reste que **du** pain.
This is because **ne...que** does not have a full negative meaning (i.e. if there is *only* bread, there must be *some*).

A Imagine you are speaking/writing to a French correspondent. How would you do the following things?

Tell him/her...

1 that you like tea but you prefer coffee.
2 that you like dogs but you hate cats.
3 that you like chips but you can't stand onions.
4 what colour your/your brother's/your sister's hair and eyes are.
5 that you have seen Prince Charles and Pricess Di but you haven't seen the Queen.
6 that you have been to France but not to Germany.

7 that you went to Normandy and Britanny last year; you preferred Britanny.
8 that you are learning French but not German.
9 that you speak French quite well but you don't speak German.
10 that coke is 30p for a small bottle and 70p for a big bottle.
11 what your parents/uncle/aunt do for a living.
12 that your neighbours are French.

B Here are some requests for directions and some answers. Fill in the gaps with the correct form of **au/à la/à l'/aux**.... Then say what you think they mean in English:

1 Pour aller —— piscine municipale, s'il vous plaît?
2 Pour aller —— Hôtel Lagrange, s'il vous plaît?
3 Pour aller —— Collège Bellevue, s'il vous plaît?
4 Pour aller —— Champs Elysées, s'il vous plaît?
5 Tournez à gauche —— carrefour.
6 Allez —— feux, puis tournez à droite.
7 Tournez à droite —— hôpital.
8 Allez demander —— Mairie!

C Here are some comments about the food situation and what shopping needs to be done. Fill in the gaps with the correct form of **de/d'/du/de la/de l'/des**.... Then say what you think they mean in English:

1 Il reste combien —— pain?
2 Il n'y a presque plus —— fromage!
3 Il faut acheter —— viande pour demain.
4 Il faut acheter —— beurre, —— confiture et —— eau minérale.
5 Il y a —— pommes et —— pêches, mais il n'y a plus —— oranges.
6 Nous avons besoin —— huile et —— pommes de terre.
7 On va acheter un grand paquet —— chips et une bouteille —— limonade.
8 Je vais acheter quelque chose —— spécial pour dimanche!

Nouns

6 Gender of nouns

There are some rules about gender, but they have so many exceptions that it is better to learn the gender when you learn the noun (i.e. never note a new word as **arbre**, **chaussure**, **passage à niveau**, but as **un arbre**, **une/la chaussure**, **un/le passage à niveau**).

Common sense tells you that male people and male animals are masculine:
un homme, **le** roi, **un** chat, etc.

and that female people and female animals are feminine:
une femme, **la** reine, **une** chatte, etc.

Note also that **enfant** and **élève** can be of either gender:
un(e) enfant, **un(e)** élève.

7 Feminine of nouns

Again, it is better to learn the feminine form of a noun when you learn the masculine form, and these are given in the end-vocabulary. Some typical feminine forms are:

un ami — une ami**e**
un assistant — une assistant**e**
un employé — une employé**e**
un boulanger — une boulang**ère**
un pharmacien — une pharmaci**enne**
le prince Charles — la princ**esse** Diana
un chanteur — une chant**euse**
un acteur — une act**rice**

An unusual feminine form of a word which is used a lot is:

un copain — une cop**ine**

8 Plural of nouns

Some general guide-lines can be given, but there are many exceptions to the rules.

a Usually the plural of nouns is formed by adding **-s** to the singular:

un homme — des homme**s**
la maison — les maison**s**

b There is no change when nouns already end in **-s**, or end in **-x**:

un fils — deux fils
une noix — des noix

c Nouns ending in **-eau** and **-eu** add **-x**:

un château — les château**x** de la Loire
un bateau — des bateau**x**
mon neveu — mes neveu**x**

d Nouns ending in **-al** change to **-aux**:

un animal — des anim**aux**
un cheval — des chev**aux**

e Nouns ending in **-ou** usually add **-s**:

un clou — des clou**s**
un trou — des trou**s**

f Here is short list of exceptions and problem plurals:

un pneu — des pneu**s**
un bijou — des bijou**x**
un caillou — des caillou**x**
un chou — des chou**x**
le genou — les genou**x**
un œil — des **yeux**
le travail — les trav**aux**
mon grand-père — mes grand**s**-père**s**
ma grand-mère — mes grand**s**-mère**s**
un timbre-poste — des timbre**s**-poste

Note also:

monsieur — **mes**sieurs
madame — **mes**dames
mademoiselle — **mes**demoiselles

A Each of the following sentences is talking about one or more males. Change the words underlined to make them all females. Then say what the original sentences, and your new ones, mean in English:

1 J'ai un correspondant qui habite à Nantes. Son père est instituteur.
2 Mon cousin a un chien et deux chats.
3 Mon oncle est coiffeur.
4 Mon copain est serveur dans un bar en ville.
5 Mon grand-père est directeur d'école.
6 Notre voisin est Espagnol...ou Italien. Son fils est épicier.
7 Le garçon là-bas est étranger, je crois.
   — Oui, c'est ça...Il est Allemand.

8 Un de mes frères travaille à l'hôpital comme infirmier.

9 L'autre travaille comme technicien chez British Rail.

10 Un de mes amis est vendeur dans un grand magasin à Londres.

Adjectives

9 Agreement of adjectives

a Adjectives change in form depending on whether the nouns they are describing are masculine or feminine, singular or plural. They 'agree with' their noun. Most adjectives thus have four separate forms. The pattern for regular adjectives is:

masc.	fem.	masc. pl.	fem. pl.
grand	grande	grands	grandes
petit	petite	petits	petites

e.g.   Le jardin est petit.
La maison est grande.
Les jardins sont petits.
Les maisons sont grandes.

b When an adjective ends in an unaccented **-e** or an **-s** in its masculine singular form, no extra **-e** or **-s** is added:

rouge	rouge	rouges	rouges
gris	grise	gris	grises

10 Irregular adjectives

a The feminine form of some adjectives is irregular, and in some cases the masculine plural form ends in **-x** rather than **-s**. Here are some typical examples:

masc.	fem.	masc. pl.	fem. pl.
beau	belle	beaux	belles
bon	bonne	bons	bonnes
naturel	naturelle	naturels	naturelles
premier	première	premiers	premières
secret	secrète	secrets	secrètes
vieux	vieille	vieux	vieilles
blanc	blanche	blancs	blanches
public	publique	publics	publiques
long	longue	longs	longues

Adjectives ending in **-al** form their masculine plural in **-aux**:

e.g. principal → princip**aux**
amical → amic**aux**

Irregular feminine and plural forms are indicated in the end-vocabulary.

b The adjective **tout** needs special attention:

tout le monde
toute la famille
tous les jours
toutes les filles

c Some adjectives have a second form of the masculine singular which is used before a vowel sound. This makes it easier to say:

beau *but* un **bel** appartement
vieux *but* un **vieil** homme
nouveau *but* le **nouvel** an
ce *but* **cet** immeuble

11 Position of adjectives

When an adjective stands next to a noun (an English car, a modern house, *etc.*), the adjective usually stands after the noun in French (une voiture anglaise, une maison moderne, *etc.*).

a Some adjectives, however, stand before the noun. The most common are:

grand(e), petit(e), nouveau/nouvelle, vieux/vieille, jeune, bon(ne), mauvais(e), joli(e), gros(se), haut(e).

e.g. une grande maison, un petit garçon, une nouvelle auto, une vieille dame, un jeune homme, une bonne/mauvaise idée, une jolie fille, une grosse femme, une haute montagne.

b Sometimes the position of the adjective alters its meaning:

un **grand** homme — a great man
un homme **grand** — a tall man
ma **propre** chambre — my own bedroom
une chambre **propre** — a clean bedroom
ma **chère** amie — my dear friend
une robe **chère** — an expensive dress
le **même** garçon — the same boy
le garçon **même** — the very boy

169

12 Comparative and superlative of adjectives

The usual way of expressing comparison (in English -er and -est) is as follows:

	adjective	comparative (-er)
masc. sing.	grand	plus grand
fem. sing.	grande	plus grande
masc. pl.	grands	plus grands
fem. pl.	grandes	plus grandes

	superlative (-est)
masc. sing.	le plus grand
fem. sing.	la plus grande
masc. pl.	les plus grands
fem. pl.	les plus grandes

Here are some examples of their use in sentences:

Equality: Pierre est aussi grand que sa sœur.
Superiority: Françoise est plus grande que son frère.
Total superiority: Pierre est le plus grand (garçon) de sa classe.
Inferiority: Alain est moins grand que sa sœur. Alain n'est pas si grand que sa sœur.

a Some adjectives are irregular, however, and one of the most common is **bon/bonne**. Note how it changes:

Pierre est un **bon** nageur.
Son frère est un **meilleur** nageur que lui.
Son cousin est **le meilleur** nageur (de la famille).

Meilleur must agree with its subject like any other adjective:
i.e. le meilleur groupe, la meilleure chanteuse, les meilleurs groupes, les meilleures chanteuses

b Before a number (i.e. when talking about quantity) **de** is used instead of **que**:

Il travaille plus **que** toi.
But: Ça coûte plus **de** vingt francs.
Il y a plus **de** trente élèves dans ma classe.

c Note the expression '**de plus en plus** + adjective' which expresses the English '-er and -er':

Elle devient de plus en plus jolie!

13 Possessive adjectives

Possessive adjectives (*my, your, etc.*) show to whom the thing described belongs. They agree with the thing 'owned', not with the 'owner'. **Son père** can therefore mean either *his father* or *her father*.

	masc. sing.	before vowel sound in sing.	fem. sing.	plural
my	mon	mon	ma	mes
your	ton	ton	ta	tes
his/her	son	son	sa	ses
our	notre	notre	notre	nos
your	votre	votre	votre	vos
their	leur	leur	leur	leurs

14 Demonstrative adjective

masc. sing.	before vowel sound in masc. sing.	fem. sing.	plural
ce	cet	cette	ces

e.g. ce garçon/cet homme/cette femme/ces élèves

-ci and **-là** can also be added to the noun to express the idea of *this —— here* and *that —— there*:
e.g. ce garçon-**ci**, cet homme-**là**

15 Interrogative adjective

masc. sing.	fem. sing.	masc. pl.	fem. pl.
quel	quelle	quels	quelles

e.g. quel garçon?/quelle femme?/ quels enfants?/quelles filles?

By changing the punctuation or the intonation, **quel(le)(s)** can also be used as an exclamation:

Quel dommage! Quel imbécile! Quelle surprise!

A Here are some remarks being made by people about themselves and their situation.

All of the adjectives are missing. Provide your own adjectives, making sure that **a** they are suitable, **b** they agree with the nouns. Then say what your sentences mean in English:

1 Je suis assez ——, très —— et extrêmement ——!
2 Mon frère est —— et ——.
3 Ma sœur est —— et ——.
4 Mes parents sont —— et très ——.
5 Nous avons un —— jardin.
6 Notre maison est —— et ——.
7 Nous avons une —— voiture ——.
8 Nous avons un —— chat —— et une —— chienne ——.
9 Notre école est —— et ——.
10 Notre professeur de français est absolument ——!

B Compare the following things using any adjectives you wish:

  e.g. Jean/Pierre/Serge
  Jean est plus/moins grand que Pierre, mais Serge est le plus/moins grand.

1 Marie-Claude/Joëlle/Sylvie
2 Yves/son frère/sa sœur
3 La maison de Robert/la maison de Roger/la maison de Richard
4 Les chanteurs français/les chanteurs américains/les chanteurs britanniques
5 Le français/l'anglais/le dessin
6 Les garçons/les filles
7 La musique classique/la musique pop
8 La télé/le cinéma
9 Le bus/le métro/le taxi
10 Les disques/les cassettes

Adverbs

16 Formation of adverbs

a Adverbs can often be formed from adjectives. This is usually done by adding **-ment** to the feminine form of the adjective:

final/finale → finalement
heureux/heureuse → heureusement
complet/complète → complètement
doux/douce → doucement

b When the masculine form of the adjective ends in a vowel, the **-ment** ending is added to the masculine form.

vrai → vraiment
absolu → absolument
poli → poliment

17 Irregular formation of adverbs

a Adjectives ending in **-ent** and **-ant** form adverbs ending in **-emment** and **-amment**:

patient → patiemment
récent → récemment
courant → couramment

The exception to this rule is **lent** which has the adverb **lentement**.

b A few adjectives change the final **-e** of the feminine form to **é** and then add **-ment** as usual:

précis → precisément
énorme → énormément
profond → profondément

c The following adjectives can be used as adverbs without changing their form:

(travailler) **dur** — (to work) hard
(parler) **bas** — (to speak) quietly
(crier) **fort** — (to shout) loud(ly)
(refuser) **net** — (to refuse) point blank, absolutely
(courir) **vite** — (to run) fast, quickly
(coûter) **cher** — (to cost) a lot
(chanter) **faux** — (to sing) out of tune
(sentir) **bon/mauvais** — (to smell) good/bad

d The following adverbs are important and should be learnt:

peu/bien/mieux/moins/mal.

18 Comparative and superlative of adverbs

The usual way of expressing comparison (in English usually expressed by *more —ly* and *most —ly*) is:

Pierre court **vite**.
Son frère court **plus vite** que lui.
Son cousin court **le plus vite**.

The following important irregular forms need to be noted:

bien	mieux	le mieux
mal	pis	le pis
	(plus mal)	(le plus mal)
beaucoup	plus	le plus
peu	moins	le moins

Adverbs do not agree with anything, hence **le** does not change:

Elle joue **le** mieux.
Ils travaillent **le** plus, etc.

A Form adverbs from the following adjectives and then say what they mean in English:

immédiat; continuel; tranquille; constant; extrême; actif; général; rapide; total; sérieux; différent; certain; malheureux; évident; personnel; régulier; impoli; rare; particular; suffisant.

B Find suitable adverbs to complete these sentences and then say what they mean in English:

1 Ne conduis pas si vite! Conduis plus ——!
2 Ne faites pas de bruit! Parlez plus ——!
3 Je parle assez bien français, mais pas ——!
4 Il est très paresseux; il ne travaille pas ——.
5 Je ne peux pas acheter ça; ça coûte trop ——!
6 Je ne suis pas sûr(e); je ne sais pas ——.
7 C'est urgent! Je vais faire ça ——!
8 Excuse-moi! J'ai —— oublié de poster la lettre!
9 Il y a une boum? ——? Je ne savais pas!
10 Ça sent ——! Ça va être délicieux!

C Compare the following people's performances by using the comparative and superlative of the adverbs:

e.g. Jean court vite/son frère/sa sœur.
Jean court vite, son frère court plus vite, mais sa sœur court le plus vite.

1 Moi, j'y vais souvent/mon copain/ma copine.
2 Pierre travaille dur/Philippe/Henri.

3 Michelle joue bien/Alain/Véronique.
4 Mon correspondant m'aide beaucoup/son père/sa mère.
5 Je m'entraîne peu/mon partenaire/nos adversaires.

Verbs

19 The infinitive

In vocabularies and dictionaries verbs are listed in their *infinitive* form, e.g. **jouer**, to play. The different persons (e.g. I, you, etc.) and tenses (e.g. present, future, etc.) of the verb are shown by different endings.

20 The persons of the verb

The persons of the verb are:
je — I; **tu** — you; **il/elle** — he/she; **on** — one; **nous** — we; **vous** — you; **ils/elles** — they

21 Tu and vous

Tu is used if you are talking to someone of about the same age or younger. **Vous** is used if you are talking to more than one person, or to an older person.

22 Present tense

In English there are three ways of expressing the present tense:

I play (every day, often, etc.)
I am playing (now, this morning, etc.)
I do play/Do you play?

In French there is only one equivalent for these three forms: **je joue**.

a *Regular verbs* are those which can be learnt as part of a large group of verbs by following the pattern of a 'model'. There are three groups:
-er verbs, e.g. chercher, regarder, porter

je cherche	nous cherchons
tu cherches	vous cherchez
il/elle cherche	ils/elles cherchent

-ir verbs, e.g. finir, choisir, rougir

je finis	nous finissons
tu finis	vous finissez
il/elle finit	ils/elles finissent

-re verbs, e.g. descendre, attendre, vendre

je descends	nous descendons
tu descends	vous descendez
il/elle descend	ils/elles descendent

b Certain common verbs are irregular and must be learnt individually. They are listed in the verb tables on pages 190–195.

c Three very important verbs are **avoir** — to have, **être** — to be, and **aller** — to go. Their present tenses are:

avoir

j'ai	nous avons
tu as	vous avez
il/elle a	ils/elles ont

être

je suis	nous sommes
tu es	vous êtes
il/elle est	ils/elles sont

aller

je vais	nous allons
tu vas	vous allez
il/elle va	ils/elles vont

23 Questions

There are three ways of making a statement into a question:

a By raising the tone of the voice at the end of the sentence. This is very common in speech, but not in writing.

Il est malade. (statement)
Il est malade? (question)

b By inverting the subject and verb, as in English, and inserting a hyphen between them:

Est-il malade?

To make pronunciation easier, **-t-** is put between two vowels:

il a → a-**t**-il?
il va → va-**t**-il?

c By putting **est-ce que/qu'**...in front of the original statement:

Est-ce qu'il est malade?
Est-ce que vous avez...?

Est-ce que...can also be used with question words (when? why? how? etc.):

Quand est-ce que ça commence?
Où est-ce que tu travailles?
Comment est-ce que...?
Pourquoi est-ce que...?

24 Verbs with spelling changes in the present tense

Because of the way some verbs are pronounced, there is a slight change in spelling in certain persons of the present tense. Either the final consonant is doubled, or a grave accent (`) is added. Here is an example of each:

appeler — to call

j'appelle	nous appelons
tu appelles	vous appelez
il/elle appelle	ils/elles appellent

acheter — to buy

j'achète	nous achetons
tu achètes	vous achetez
il/elle achète	ils/elles achètent

See also pages 190–191.

25 Reflexive verbs

When an infinitive includes the pronoun **se** (or **s'**) it is known as a reflexive verb. Here are some examples:

s'appeler — to be called (literally: 'to call oneself')
se blesser — to hurt oneself
s'adresser à — to ask, make enquiries (literally: 'to address oneself to')

As well as meaning 'oneself', the reflexive pronoun **se** can also have the meaning 'one another':

se voir — to see oneself, to see one another
s'aider — to help one another
s'embrasser — to kiss one another, put one's arms around one another

The present tense of reflexive verbs is the same as that of any other verbs except that an extra pronoun must be added for each person. A typical present tense is:

je **m'** appelle	nous **nous** appelons
tu **t'** appelles	vous **vous** appelez
il/elle **s'**appelle	ils/elles **s'**appellent

M', t', s' are used before a vowel; in other cases **me, te, se** are used. These pronouns must also be included in questions:

Comment est-ce que tu **t'**appelles?
Comment **t'**appelles-tu?
Tu **t'**appelles comment?

A Here are some questions you might ask someone of your own age in France. What do they mean in English? How would you change them if you were speaking to someone older than you, or to more than one person?

1 Où est-ce que tu habites?
2 Est-ce que tu es prêt(e)?
3 Est-ce que tu as l'heure?
4 Tu entends ça?
5 A quelle heure vas-tu en ville?
6 Qu'est-ce que tu prends à boire?
7 Qu'est-ce que tu choisis?
8 Est-ce que tu peux m'aider?
9 Tu veux venir au cinéma?
10 Tu finis à quelle heure?

B Here are some things you might say to someone older than you, or to more than one person. What do they mean in English? How would you change them if you were speaking to someone of your own age?

1 Vous parlez bien anglais!
2 Vous ne faites presque pas d'erreurs!
3 Vous devez être fatigué(e)(s)!
4 Vous dormez bien ici?
5 Vous achetez des souvenirs?
6 Vous savez à quelle heure ça commence?
7 Vous restez encore combien de jours en Angleterre?
8 Vous partez bientôt?
9 Vous comprenez cette expression?
10 Vous connaissez bien la ville?

C Carry out the following instructions in French, **a** talking about yourself (i.e. **je**...), **b** talking about yourself and someone else (i.e. **nous**...). The verbs are given in brackets.

Say...

1 you are visiting Paris tomorrow. (visiter)
2 you are going out now. (sortir)
3 you are coming back in an hour. (revenir)
4 you are writing some postcards (écrire)
5 you eat in a small restaurant near the campsite. (manger)
6 you are learning French at school. (apprendre)
7 you are going to Versailles on Monday. (aller)
8 you are going on a trip to Rouen on Tuesday. (faire une excursion)
9 you live in the north of England (*etc.*). (habiter/vivre)
10 you want to/must buy some postcards and stamps. (vouloir/devoir)

D Carry out the following instructions in French. The verbs are given in brackets.

Say...

1 your father works in town. (travailler)
2 your teacher is accompanying the group. (accompagner)
3 your parents come to France each year. (venir)
4 your brother does judo. (faire du judo)
5 your parents have a caravan. (avoir)
6 your friends are in the shop over there. (être)
7 they're buying souvenirs. (acheter)
8 your teacher has the tickets. (avoir)
9 they sell ice-creams here. (vendre)
10 it's raining! (pleuvoir)

E Complete these sentences by giving the correct form of the present tense of the infinitives in the brackets. Then say what the sentences mean in English:

1 (s'appeler) Comment elle —— ——?
2 (se baigner) Vous —— —— ce matin?
3 (se bronzer) Ils —— —— à la plage.
4 (s'ennuyer) Nous —— —— ici!
5 (se rappeler) Tu —— ——?
6 (se reposer) Je —— —— un peu!
7 (s'approcher) Elles —— —— de nous!
8 (se promener) Mon frère —— —— en ville.

26 Giving orders (imperative)

a In the case of most verbs one can give an order by simply dropping the subject pronoun, as in English:

tu choisis → choisis!
vous choisissez → choisissez!

b If the same thing is done with the **nous** form of the verb, it has the meaning 'let's...'.

nous choisissons → choisissons!

c In the **tu** form of regular **-er** verbs and the verb **aller** the final **-s** is omitted:

tu regardes → regarde!
tu vas → va!

d Reflexive verbs require a reflexive pronoun in the order form (like the English 'behave *yourself*', 'move *yourself*'). Note that **toi** replaces **te** in an order:

Adresse-**toi**	à la réception!
Adressons-nous	
Adressez-vous	

In the negative, the reflexive pronoun remains in front of the verb:

Ne te lève pas!
Ne vous levez pas!

A Here are some imperatives you might use if you were speaking to people of your own age. How would you change them if you were talking to someone older than yourself, or to more than one person? Say what the sentences mean in English:

1 Entre, je t'en prie!
2 Assieds-toi!
3 Reste là!
4 Ne bouge pas!
5 Parle plus lentement, s'il te plaît!
6 Répète, s'il te plaît!
7 Passe-moi le sucre!
8 Vas-y...mange!

B Here are some imperatives you might use if you were speaking to someone older than yourself, or to more than one person. How would you change them if you were speaking to someone of your own age? Say what the sentences mean in English:

1 Montrez-moi ça!
2 Mettez le sac dans la voiture!
3 Donnez-moi votre valise!
4 Ne perdez pas votre billet!
5 N'oubliez pas de m'écrire!
6 Envoyez-moi une carte!
7 Ecrivez-moi en français, bien entendu!
8 Dépêchez-vous!

27 The perfect tense (passé composé)

a In French there is only one way of expressing the two English past tenses 'did' and 'have done'.
An English person would say: I have bought a record, *but* I bought a record yesterday. For a French person there is only one form of the verb for expressing both of these: J'ai acheté un disque *and* J'ai acheté un disque hier. (*Literally*: I have bought a record yesterday.)

b The two parts of this tense are referred to an the *auxiliary verb* (in this case **avoir**) and the *past participle*.

c The full perfect tense of the three regular groups of verbs is as follows:

j'ai	**acheté**
tu as	**fini**
il/elle a	**attendu**
nous avons	
vous avez	
ils/elles ont	

d Questions in the perfect tense are formed thus:

Est-ce que tu as fini?/Est-ce qu'il a fini?
Tu as fini?/Il a fini?
As-tu fini?/A-t-il fini?
Did you finish, have you finished?/Did he finish, has he finished?

28 Irregular past participles

Some past participles are irregular and must be learnt. Some common ones are

avoir	—	j'ai **eu**
boire	—	j'ai **bu**
devoir	—	j'ai **dû**
dire	—	j'ai **dit**
écrire	—	j'ai **écrit**
être	—	j'ai **été**
faire	—	j'ai **fait**
mettre	—	j'ai **mis**
pouvoir	—	j'ai **pu**
prendre	—	j'ai **pris**
voir	—	j'ai **vu**

Other irregular past participles are given in the verb tables.

29 Verbs requiring 'être' in the perfect

a A few verbs form their perfect tense with **être** instead of **avoir**. The past participle of these verbs agrees with the subject, in the same way as adjectives agree with nouns:

je suis allé(e)   nous sommes allé(e)s
tu es allé(e)   vous êtes allé(e)(s)
il est allé   ils sont allés
elle est allée   elles sont allées

Other important verbs of this kind are:

venir		venu(e)
arriver		arrivé(e)
partir		parti(e)
retourner		retourné(e)
sortir		sorti(e)
entrer	— je suis	entré(e)
rentrer		rentré(e)
descendre		descendu(e)
monter		monté(e)
rester		resté(e)
tomber		tombé(e)

b The perfect tense of all reflexive verbs is formed with **être**. The past participle must agree with the subject, as in the verbs above. The full perfect tense of **se reposer** will illustrate this:

je me suis reposé(e)
tu t'es reposé(e)
il s'est reposé
elle s'est reposée
nous nous sommes reposé(e)s

vous vous êtes reposé(e)(s)
ils se sont reposés
elles se sont reposées

c Questions are formed thus:

Tu t'est reposé(e)?
Est-ce que tu t'es reposé(e)?
T'es-tu reposé(e)?

d Of course, many reflexive verbs are irregular and have irregular past participles. In some cases the feminine agreement, apart from being obvious in the written form, is also heard in speech:

s'asseoir — elle s'est assise
se mettre en route — elle s'est mise en route

e As with adjectival agreement, when a past participle ends in **-s** (**mis/assis**, etc.) no further **-s** is required for the masculine plural agreement:

Les garçons se sont mis en route.
Les hommes se sont assis.

30 Agreement of past participle with preceding direct object

a The past participles of verbs which form their perfect tense with **avoir** must agree with the direct object if this is mentioned before the verb occurs in the sentence. Look at these examples:

J'ai vu	ton sac (*masc. sing.*)
	ta valise (*fem. sing.*)
	tes bagages (*masc. pl.*)
	tes valises (*fem. pl.*)

When the verb occurs, the direct object has not yet been mentioned, so there is no agreement.

Ton sac? Oui, je l'ai vu.
Ta valise? Oui, je l'ai vu**e**.
Tes bagages? Oui, je les ai vu**s**.
Tes valises? Oui, je les ai vu**es**.

When the verb occurs, the direct object has already been mentioned, so there is agreement.

J'ai acheté	un souvenir (*masc. sing.*)
	une carte (*fem. sing.*)
	des souvenirs (*masc. pl.*)
	des cartes (*fem. pl.*)

When the verb occurs, the direct object has not yet been mentioned, so there is no agreement.

Voici | le souvenir que j'ai acheté.
| la carte que j'ai achetée.
| les souvenirs que j'ai achetés.
| les cartes que j'ai achetées.

When the verb occurs, the direct object has already been mentioned, so there is agreement.

b In speech, these agreements will only very rarely change the sound of the past participle. But be careful with verbs such as **mettre**, **promettre**, **prendre**, **faire**, and others whose past participles end in a consonant:

Où est ma valise? Je l'ai mis**e** ici!
Et l'aide que tu m'as promis**e**?
Tu cherches la machine à écrire? C'est Jean qui l'a pris**e**.
La promenade qu'on a fai**te** hier...

31 Reflexive verbs: non-agreement of past participle with indirect object

In a sentence such as '**Elle s'est coupée**' (She has cut herself), the **s'** (herself) is the *direct* object, and the past participle agrees with this preceding direct object.
In '**Elle s'est coupé la main**' (She has cut her hand), the **s'** (to/for herself) is the *indirect* object. (The sentence actually means 'She has cut to/for herself the hand.') The direct object of the verb **couper** is **la main** which follows the verb. There is therefore no agreement of the past participle.

Here are some more examples. In each one look carefully at the position of the direct object, which is in dark type:

Elle **s'**est blessée.
Les garçons **se** sont blessés.
Elle s'est fait **mal**.
Les garçons se sont cassé **la jambe**.

32 Après avoir/être/s'être + past participle

a 'After having done something' is expressed by **après avoir** + past participle for verbs which take **avoir**, **après être** + past participle for verbs which take **être**, and **après s'être** + past participle for reflexive verbs:

Après avoir acheté un journal, Jean a cherché un emploi dans les petites annonces.
Après être rentré de chez le docteur, il s'est couché.
Après s'être reposé, il s'est remis au travail.

b With reflexive verbs, the appropriate pronoun must be used:

Après **m'**être reposé(e), je...
Après **t'**être reposé(e), tu dois...etc.

c This structure can only be used when the subject of the two verbs is the same. You can use it to say 'When I got home, I made some tea', but it would not be suitable for expressing ideas such as 'When I got home, *my mother* made some tea.'

A Using the perfect tense, carry out the following instructions in French. The verbs to use are given in brackets:

Say that...
1 you ate some sandwiches and drank a cup of coffee in the train. (manger/boire)
2 you have bought some cards and souvenirs. (acheter)
3 you had a surprise. (avoir)
4 you were ill in the coach. (être)
5 you took a taxi. (prendre)
6 you visited Rouen. (visiter)
7 you saw a lot of monuments. (voir)
8 you had to wait an hour. (devoir)
9 you found a good present for your brother. (trouver)
10 you have already written to your parents. (écrire)

B Say that...

  1 you went to Paris at the weekend. (aller)
  2 you stayed there the whole day. (rester)
  3 you returned home late. (retourner/rentrer)
  4 you arrived in France last Thursday. (arriver)
  5 you left on 3 June. (partir)
  6 you came to France last year too. (venir)
  7 you went out yesterday evening. (sortir)
  8 you got up at 10 o'clock this morning! (se lever)
  9 you went for a walk this afternoon. (se promener)
  10 you were a bit bored in the train. (s'ennuyer)

C Using the perfect tense, ask the following questions in French, speaking **a** to someone of your own age, **b** to someone older than yourself. The verbs are given in brackets:

Ask him/her...

  1 if he/she has finished. (finir)
  2 what he/she said. (dire)
  3 what he/she did in town. (faire)
  4 what he/she wore to the party. (porter)
  5 where he/she put his/her case. (mettre)
  6 what he/she has lost. (perdre)
  7 if he/she spoke French or English. (parler)
  8 what he/she has forgotten. (oublier)
  9 if he/she has missed his/her bus. (manquer)
  10 what he/she has been able to find. (pouvoir)

33 The imperfect tense

a The formation of this tense is the same for all but one verb, **être**. The stem is the same as the **nous** form of the present tense, minus its **-ons** ending:

  regardons → regard-
  finissons → finiss-
  attendons → attend-
  avons → av-
  faisons → fais-
  prenons → pren-
  voyons → voy-

To this stem is added the following endings:

je regard**ais**
tu regard**ais**
il/elle/on regard**ait**
nous regard**ions**
vous regard**iez**
ils/elles regard**aient**

The irregular stem of **être** is **ét-**: **j'étais, tu étais**, etc.

b The imperfect tense is used to talk about the past, but not to say what someone *has done*, or *did*. This, as we have seen, is expressed by the perfect tense.

The imperfect tense expresses:

— what someone used to do.
— what someone was doing.

The following examples will illustrate the difference between these two tenses:

Il a fait ses devoirs. (Perfect)
He did/has done his homework.
Il faisait ses devoirs dans sa chambre. (Imperfect)
He was doing/used to do his homework in his bedroom.
J'ai lu le journal (ce matin). (Perfect)
I have read the paper/read the paper (this morning).
Je lisais le journal quand il est arrivé. (Imperfect + perfect)
I was reading the paper when he arrived.
Je lisais souvent le journal quand j'étais en France. (Imperfect + imperfect)
I used to read the paper often when I was in France.

34 Let's...!

Apart from the imperative form **allons! attendons!**, etc, (see **26 b**), *let's...!* can also be expressed by:
Si on + imperfect,
  e.g. **Si on allait** au cinéma?
    Si on sortait? etc.

35 The future tense

a Just as in English, **aller** + infinitive can be used to express what *is going to happen*. This is sometimes called the 'immediate future tense':

Je vais regarder la télé ce soir.
I'm going to watch television this evening.

Qu'est-ce que tu vas faire?
What are you going to do?
S'il ne fait pas attention, il va tomber.
If he's not careful, he's going to fall.

b The future tense expresses what *will* happen:

Je regarderai la télé.
I'll watch television.

c Regular verbs form the future tense by adding a slightly modified form of the present tense of **avoir** to the infinitive. (Regular **-re** verbs drop the final **-e** of the infinitive before adding the endings.)

The full future tense of the three regular groups of verbs is thus:

je	regarder-	ai
tu	finir-	as
il/elle/on	vendr-	a
nous		ons
vous		ez
ils/elles		ont

d There are many irregular future stems which have to be learnt. Some of the most common are listed here. Others are given in the verb tables.

aller — **ir-**	pleuvoir — **pleuvr-**
avoir — **aur-**	pouvoir — **pourr-**
devoir — **devr-**	venir — **viendr-**
envoyer — **enverr-**	voir — **verr-**
être — **ser-**	vouloir — **voudr-**
faire — **fer-**	

e.g. Je serai — *I'll be*
Il devra — *He'll have to*
Tu verras — *You'll see*
Ils pourront — *They'll be able to*
Il pleuvra — *It'll rain*

36 The conditional tense

a The conditional tense expresses the idea 'I'd', 'you'd', 'he'd', etc. It is formed with the same stem as the future tense (see above) but its endings are those of the *imperfect* tense:

je	regarder-	ais
tu	finir-	ais
il/elle/on	vendr-	ait
nous	viendr-	ions
vous	fer-	iez
ils/elles		aient

b You have probably used the conditional without realizing it in set expressions such as:

Je voudrais... ⎫ — *I'd like...*
J'aimerais... ⎭
Je préférerais... — *I'd prefer...*
Pourriez-vous...? — *Could you...?*
Apart from this, it is usually found in sentences in combination with the imperfect tense.

S'il faisait beau, on pourrait...
If the weather was/were nice, we'd be able to/we could...
Si j'étais riche, j'habiterais en Grèce.
If I was/were rich, I'd live in Greece.

37 The pluperfect tense

a The perfect tense expresses what has happened; the pluperfect goes back one step further in time and expresses *what had happened* (before something else happened).

b Its formation is the same as that of the perfect tense (see **27**), except that the auxiliary verb **avoir** or **être** is in the *imperfect*, and not the present tense:

il a acheté — *he has bought*
il **avait** acheté — *he had bought*
je suis allé(e) — *I have been*
j'**étais** allé(e) — *I had been*

nous nous sommes installé(e)s — *we have settled in*
nous nous étions installé(e)s — *we had settled in*

c The rules for the agreement of the past participle are the same as those for the perfect tense (see **29a**).

38 'En' + present participle

a If you want to express the English idea of *while -ing* or *by -ing*, you can use the structure **en** + present participle.

b The present participle has the same root as the **nous** form of the present tense, plus the ending **-ant**:

regarder → nous regardons → en regard**ant**
manger → nous mangeons → en mange**ant**

Here are some examples of its use:

Pierre s'est blessé en travaillant.
Pierre hurt himself while (he was) working.
Marie s'est coupé la main en ouvrant une boîte. *Marie cut her hand while (she was) opening a tin.*

c This structure can only be used when the subject of the two verbs is the same (i.e. Marie cut her hand and *she* was opening the tin). It could not be used in a sentence like 'Pierre fell out of the car while *it* was moving.'

39 Depuis/Ça fait...que

a In order to express in French how long someone *has* been doing something, one uses the *present* tense with **depuis**:

Depuis quand est-il malade?
How long has he been ill?
Il est malade depuis deux jours.
He's been ill for two days.
(Literally: *He is ill since two days.*)

b In order to express how long someone *had* been doing something, one uses the *imperfect* tense with **depuis**:

Il attendait depuis une heure quand sa fiancée est enfin arrivée.
He had been waiting for an hour when his fiancée finally arrived.
(Literally: *He was waiting since an hour*)

c Another way of expressing the above is by using **ça fait...que** + present tense, and **ça faisait...que** + imperfect tense. The following examples will illustrate this:

Ça fait quatre ans que j'apprends le français.
Ça fait deux jours qu'il est malade.
Ça faisait vingt ans qu'ils habitaient là.
Ça faisait une heure qu'il attendait.

40 Venir de + infinitive

Venir de...pairs up with **aller à**...in their literal meanings, 'to come from...' and 'to go to...'.
They also pair up in their less literal meanings, 'to be going to do something' (**aller** + infinitive) and 'to have just done something' (**venir de** + infinitive). In French the idea of 'having just done something' is expressed as 'coming from doing something'.

Je vais voir un film.
I'm going to see a film.
Je viens de voir un bon film.
I've just seen a good film. (Literally: I'm coming from seeing a good film.)
Je venais de voir un film.
I'd just seen a film. (Literally: I was coming from seeing a film.)

A Work out how someone would say he/she used to do these things when he/she was young (i.e. using the imperfect tense). Then say what the sentences mean in English:

e.g. habiter dans le Devon
   Quand j'étais plus jeune, j'habitais dans le Devon.

1 danser beaucoup
2 cuisiner beaucoup
3 lire beaucoup
4 collectionner des timbres-poste
5 jouer au ping-pong
6 aller souvent à la pêche
7 camper chaque été avec des copains
8 aimer faire des promenades
9 avoir des cochons d'Inde
10 s'intéresser aux animaux

B Carry out the following instructions in French using **a aller** + infinitive, **b** the future tense. The verbs are given in brackets:

1 Say you think that it's going to rain. (pleuvoir)
2 Say you think it'll be cold this evening. (faire froid)
3 Say you're going to stay in this morning. (rester à la maison)
4 Say you're going to bed early tonight. (se coucher de bonne heure)

5 Say you're going to have a shower.
   (prendre une douche)
6 Say England/Scotland, etc. will win the
   match! (gagner le match)
7 Say you are going to have a lie-in
   tomorrow. (faire la grasse matinée)
8 Say that your friend will be back soon.
   (revenir bientôt)
9 Tell your friend he'll/she'll be ill if he/she
   eats that! (manger ça)
10 Tell your friend he'll/she'll fall if he/she
   isn't careful! (tomber)

C Work out how these people would explain
what they were doing when they hurt
themselves by using **a** the imperfect tense,
b en + present participle. Then say what the
sentences mean in English:

e.g. travailler dans le jardin
Je me suis blessé(e)
   pendant que je travaillais dans le jardin.
   en travaillant dans le jardin.

1 réparer un vélomoteur
2 décorer le salon
3 descendre du car
4 faire du judo
5 jouer au volleyball
6 ranger les meubles
7 préparer le café
8 se baigner

D Work out how someone would say that
he/she has been doing these things for the
length of time given in brackets. Then say
what your sentences mean in English:

e.g. habiter ici (quinze ans)
   J'habite ici depuis quinze ans.
   or **Ça fait quinze ans que j'habite ici.**

1 venir à cette école (quatre ans)
2 jouer du piano (un an)
3 aller au club des jeunes (deux ans)
4 faire de la planche à voile (six mois)
5 apprendre le français (quatre ans et demi)
6 écrire à mon correspondant français (un an
   et demi)
7 être en France (dix jours)
8 attendre (une demi-heure)

41 The negative

a The negative is not always used to negate a
verb, as the following examples illustrate:

Nous habitons **non** loin de la gare.
Qui a fait ça? **Pas** moi.
C'est pour tes parents et **non pas** pour toi.
J'ai perdu **non** seulement mon argent mais
mon passeport aussi.
Je n'aime pas ça. — Moi **non plus**.
Qui est là? — **Personne**!
Qu'est-ce que tu as acheté? — **Rien**.
Tu es allé en France? — **Jamais**.

b When a verb is involved the negative has
two parts. Here are the most common
negatives:

ne . . ./**n'** . . .

pas — not
plus — no more, no longer
jamais — never, not ever
rien — nothing, not anything
personne — nobody, not anybody
nulle part — nowhere, not anywhere
que — only
ni . . . **ni** . . . — neither . . . nor . . .

c These two parts go round the verb:

Je **ne** suis **pas** Anglais
Je **ne** vais **jamais** en France.

d If there are pronouns, they go round them
too:

Je **ne** les ai **pas** vus.
Je **n'**y vais **pas**.
Il **ne** faisait **rien**.

e Where there is a verb with a dependent
infinitive, they usually go round the first
verb:

Il **ne** veut **pas** jouer.
Je **ne** vais **pas** y aller.

f In compound tenses they go round the
auxiliary verb (and include the pronouns, if
any):

Je **n'**ai **pas** vu ce film.
Il **ne** l'a **pas** acheté.
Ils **n'**y sont **pas** allés.
Nous **ne** les avons **jamais** vus.

g The only exceptions to this are **ne**...
personne and **ne**...**nulle part** (when the past participle is enclosed too), and **ne**...**que** (when the **que** waits to precede the word it restricts):

Je **n**'ai vu **personne** dans les rues.
Je **ne** l'ai trouvé **nulle part**.
Je **n**'ai acheté **que** quelques cartes postales.

h When the verb being negated is an infinitive, both parts of the negative stand together in front of it, and any pronouns associated with it:

Je préférerais **ne pas** y aller.
Il a promis de **ne jamais** ne parler.

42 The use of the infinitive

a Some verbs are followed by a plain infinitive. Here are some common examples:

pouvoir — to be able (to)
vouloir — to want (to)
savoir — to know how (to)
devoir — to have (to), to obliged (to)
aller — to be going (to)
aimer — to like, love (to)
adorer — to love (to)
détester — to loathe, hate (-ing)
espérer — to hope (to)
compter — to intend, have it in mind (to)
préférer — to prefer (to)
oser — to dare (to)
laisser — to let...
Il faut — it is necessary to...
Il vaut mieux — It is better to...

b Some verbs are followed by **de** + infinitive. Some common ones are:

cesser de — to stop (-ing)
décider de — to decide (to)
essayer de — to try (to)
éviter de — to avoid (-ing)
finir de — to finish (-ing)
oublier de — to forget (to)
regretter de — to regret (-ing)
refuser de — to refuse (to)
se souvenir de — to remember (to)
remercier de — to thank (for -ing)
avoir l'intention de — to intend (to)
avoir honte de — to be ashamed (of -ing)
avoir peur de — to be frightened (to)
avoir envie de — to fancy (-ing)

être en train de — to be in the process of
commander à quelqu'un de... — to order someone (to)
Similarly:
conseiller — to advise
défendre — to forbid
demander — to ask
dire — to tell
permettre — to allow
promettre — to promise

e.g. Il a conseillé à son frère d'aller à Paris.
He advised his brother to go to Paris.

c Some verbs are followed by **à** + infinitive. Some common ones are:

aider à — to help (to)
apprendre à — to learn, teach (to)
commencer à — to begin (to)
se mettre à — to start, set to (-ing)
hésiter à — to hesitate (to)
s'amuser à — to have a good time (-ing)
passer son temps à — to spend one's time (-ing)
perdre son temps à — to waste one's time (-ing)
réussir à — to manage (to), succeed in (-ing)

The following adjectives are sometimes followed by **à** + infinitive:

dernier/dernière
— Elle était la dernière à finir.
premier/première
— Il était le premier à arriver.
prêt(e)
— Je suis prêt(e) à partir.

Note also the expressions:

Beaucoup de choses à faire
Rien à faire/déclarer, etc.

182

d The infinitive is the only verb form which can follow a preposition (except **en**, which is followed by a present participle: see page 180).

sans parler
avant de nous mettre en route
après avoir fini de travailler

A Make the following sentences negative by putting **ne/n'** ... **pas** in the correct place (and making any other changes which are necessary). Then say what the new sentences mean in English:

1 Je suis Français(e).
2 Je sais.
3 J'ai envie de sortir ce soir.
4 J'ai téléphoné à mes parents.
5 Nous avons visité la Tour Eiffel.
6 Je suis allé(e) à Strasbourg.
7 Michel va venir à la boum.
8 Marie veut nous accompagner.
9 Mon père peut nous emmener en ville.
10 J'ai de l'argent français.
11 J'ai des frères.
12 Nous avons trouvé des souvenirs.

B Decide whether the gaps in these sentences should be filled with **à**, **de/d'**, or nothing at all. Then say what the sentences mean in English:

1 Excusez-moi! Je dois —— partir maintenant.
2 D'habitude je passe la soirée —— regarder la télé.
3 Je préfère —— faire mes devoirs dans ma chambre.
4 J'ai décidé —— acheter les cadeaux sur le bateau.
5 Je compte —— revenir en France l'an prochain.
6 Zut! J'ai oublié —— téléphoner à Jean.
7 Qu'est-ce que tu essaies —— faire?
8 Pierre a refusé —— nous prêter ses disques.
9 Ne quitte pas! Je vais l'appeler. Il est en train —— faire la vaisselle.
10 J'espère bientôt —— pouvoir —— commencer —— apprendre —— conduire.

Pronouns

43 Direct object pronouns

a The direct object pronouns are:

me (m')	me
te (t')	you
le/la/l'	him/her/it
se (s')	himself/herself/itself
nous	us
vous	you
les	them
se (s')	themselves.

b Like all pronouns, they are put before the verb to which they relate:

Je l'achète. — *I'm buying it.*
Je vais l'acheter. — *I'm going to buy it.*
Je voudrais l'acheter. — *I'd like to buy it.*

c In the past tense they are put before the auxiliary verb:

Je l'ai acheté.
Nous les avons perdus.

d Neither the question form nor the negative affect the position of direct object pronouns:

Est-ce que tu l'as acheté?
Tu l'as acheté?
L'as-tu acheté?
Je ne l'achète pas.
Je ne vais pas l'acheter.
Je ne l'ai pas acheté.

e The exception to the rule about position is that pronouns come *after* the verb when an order is being given (imperative). Note that they are joined to the verb with a hyphen:

Achète-**le**! — *Buy it!*
Achetons-**le**! — *Let's buy it!*
Achetez-**le**! — *Buy it!*

Notice that **me** and **te** change to **moi** and **toi** after orders:

Aide-**moi**!
Dépêche-**toi**!

f In negative orders the pronoun stands in its usual position in front of the verb:

Ne l'achète pas! — *Don't buy it!*
Ne les perdez pas! — *Don't lose them!*

44 Indirect object pronouns

a The indirect object pronouns ('to me', 'to you', etc.) are the same as the direct object pronouns with two exceptions:

me	to me	**nous**	to us
te	to you	**vous**	to you
lui	to him/to her	*leur*	to them

b Like the direct object pronouns, they usually come *before* the verb:

Il **m**'a donné des renseignements.
— *He gave me some information.*
Je **lui** ai donné l'invitation.
— *I gave him/her the invitation.*

c In positive commands, they come *after* the verb:

Offre-**lui** quelque chose!
— *Offer him/her something!*
Donnez-**leur** du café!
— *Give them some coffee!*

d As with direct object pronouns, **me** and **te** change to **moi** and **toi** in positive commands:

Donne-**moi** un coup de main!
— *Give me a hand!*

e Some verbs which require an indirect object (to show 'to/for whom something is done') are obvious from their English equivalents:

donner quelque chose **à** quelqu'un
— *to give something to someone*
montrer quelque chose **à** quelqu'un
— *to show something to someone*
offrir quelque chose **à** quelqu'un
— *to offer something to someone*
envoyer quelque chose **à** quelqu'un
— *to send something to someone*
dire quelque chose **à** quelqu'un
— *to say something to someone*
répondre **à** quelqu'un
— *to reply to someone*

Others are less obvious:

téléphoner **à** quelqu'un
— *to phone someone*
demander **à** quelqu'un
— *to ask someone*
promettre **à** quelqu'un
— *to promise someone*
    e.g. Je **lui** ai téléphoné.
        Je **leur** ai demandé de m'aider.
        Je **lui** ai promis de...

45 The pronoun 'y'

The most common meaning of **y** is *there*. Its position is the same as that of other pronouns:

J'**y** vais souvent.
I often go there.
Je n'**y** vais pas ce soir.
I'm not going there this evening.
J'**y** suis allé hier.
I went there yesterday.

The orders **vas-y! allez-y! allons-y!**
apart from their literal meaning, can also mean 'get going!', '(go on,) do it!', 'let's get on with it!'

46 The pronoun 'en'

The most common meanings of **en** are *of it, of them, some, any*. Its position is the same as that of other pronouns:

J'**en** ai/Je n'**en** ai pas.
I've got some/I haven't got any.

En veux-tu? *Do you want some?*
Prends-**en**! *Take some!*

47 Order of pronouns

When both a direct and an indirect object pronoun are used with the same verb, the following rules apply:

a Except in positive commands, the order is:
1 1st person before 3rd:
Il **me** l'a envoyé.
2 2nd person before 3rd:
Il **te** l'a donné, n'est-ce pas?
3 Direct object before indirect object, when two 3rd persons are involved: Il **le lui** a donné.
4 'Y' and 'en' come last and in that order:
Je **les y** ai cherchés.
Je **lui en** ai donné.
Il **y en** a vingt.

b In positive commands, direct object pronouns always come before indirect object pronouns: **y** and **en** come last:

Donne-**le-moi**!   Donne-**m'en**!
Envoie-**le-lui**!   Installez-**les-y**!
Rends-**les-leur**!

48 Stressed pronouns

The stressed pronouns (also known as disjunctive or emphatic pronouns) are:

moi (je)   **nous** (nous)
toi (tu)   **vous** (vous)
lui (il)   **eux** (ils)
elle (elle)   **elles** (elles)
soi (on)

These special pronouns must be used in the following situations:

a When the pronoun stands on its own:

Qui a fait ça? **Moi**!
Qui va jouer maintenant? **Lui**!

b When the pronoun comes after **c'est** or **ce sont**:

Est-ce que c'est **toi**, Pierre?
Oui, c'est **moi**.
Ce sont **eux** qui sont arrivés ce matin.

c After prepositions:

Est-ce que c'est pour **moi**?
Il est arrivé après **eux**.

d For emphasis:
Moi, je m'ennuie ici!
Tu es fatigué, **toi**?

e When there are two subjects to the verb, one (or both) of which is a pronoun:

Mon père et **moi** sommes allés à la pêche.
Lui et **moi** sommes de très bons copains.

f As the second part of a comparison, after **que**:

Il est beaucoup plus intelligent que **moi**.
Je parle français mieux que **lui**.

49 Interrogative pronouns

a The following interrogative pronouns are very common:

(Subject)	**Qui** (est-ce qui) a fait ça? *Who did that?*
(Direct object)	**Qui est-ce que** tu as vu? **Qui** as-tu vu? *Whom did you see?*
(Subject)	**Qu'est-ce qui** arrive? *What is happening?*
(Direct object)	**Qu'est-ce que** tu fais? **Que** fais-tu? *What are you doing?*

b **Lequel/Laquelle/Lesquels/Lesquelles**, which must agree with the noun they stand for, are used to express *which one(s)*:

e.g. **Lequel** des deux garçons?
Which (one) of the two boys?
Voici deux cartes. **Laquelle** préfères-tu?
Here are two cards. Which one to you prefer?

50 Relative pronouns

a The relative pronouns **qui** and **que** mean *who, whom, which, that*.
They are both used to refer to people and things. When referring to people, they correspond to the English *who* and *whom*, although this distinction tends to be made only in more formal English.

b **Qui** is the *subject* of the verb in the relative clause.
Que is the *direct object* of the verb in the relative clause.

L'homme **qui** travaille là-bas
— *The man who is working over there*
Qui/*'who'* is the subject of the verb 'is working'.

L'homme **que** tu vois là-bas
— *The man (whom) you see over there*
Que/*'whom'* is the direct object of the verb 'see' ('you' is the subject).

c This distinction is not clear in English when things are being talked about, but the rule most be strictly applied in French:

La voiture **qui** est stationnée là-bas
— *The car which/that is parked there*
Qui/*'which'*, *'that'* is the subject of the verb 'is'.

La bicyclette **que** j'ai achetée
— *The bike which/that I have bought*
Que/*'which'*, *'that'* is the direct object of the verb 'have bought' ('I' is the subject).

d Note that **que** cannot be left out as its English equivalent often is:

The man I saw...
— L'homme **que** j'ai vu...

51 Relative clauses involving a preposition

a After a preposition (*'for* whom', *'under* which', *'from* whom', *etc.*) it is necessary to distinguish between people and things:

For people, use **qui**:
Le monsieur **à qui** il parlait

For things (and animals), use:
lequel (masc. sing.)   **lesquels** (masc. pl.)
laquelle (fem. sing.)   **lesquelles** (fem. pl.)
La chambre **dans laquelle** je couchais

b Note that:

à + **lequel** becomes **auquel**
à + **lesquel(le)s** becomes **auxquel(le)s**
de + **lequel** becomes **duquel**
de + **lesquel(le)s** becomes **desquel(le)s**

c Often **où** is used to replace **dans lequel**, **sur lequel**, *etc.*

La chambre dans laquelle je couchais
— La chambre **où** je couchais

52 Dont

Dont means *whose, of which*. It is used for persons, animals, and things:

Le voisin **dont** le fils a eu un accident...
Le chien **dont** j'ai trouvé la laisse...
La montagne **dont** tu vois le sommet...

53 Possessive pronouns

'Mine', 'yours', 'his', etc.

a *singular*   *plural*

le mien/la mienne	les miens/les miens
le tien/la tienne	les tiens/les tiennes
le sien/la sienne	les siens/les siennes
le/la nôtre	les nôtres
le/la vôtre	les vôtres
le/la leur	les leurs

J'ai mon billet mais Pierre a perdu **le sien**.
Nous avons leurs bagages; ils ont pris **les nôtres**!
Sa collection de disques est plus grande que **la mienne**.

b Note that, just as with the possessive adjective, the pronoun agrees with the object owned and not the owner. In the above example, 'J'ai mon billet mais Pierre a perdu le sien', **le sien** agrees with **le billet** and has nothing to do with the fact that Pierre is a boy/man. If a case had been lost, for example, the sentence would have been.

J'ai ma valise mais Pierre a perdu **la sienne**.

c Note also that **à** + a stressed pronoun is often used with the verb **être** instead of the possessive pronoun:

A qui	est sont	ce... cet... cette... ces...	?
Il Elle Ils Elles	est sont	à moi. à toi. à lui. à elle. à nous. à vous. à eux. à elles.	

A Replace the words underlined with pronouns. Then say what the original and the new sentences mean in French:

a 1 Je vois la tour Eiffel!
2 Je connais ce garçon.
3 J'adore la France!
4 Je trouve les groupes anglais sensationnels!
5 J'écris souvent à mon correspondant français.
6 J'envoie souvent des illustrés et des posters à ma correspondante française.
7 Je téléphone souvent à mes copains; mes parents n'aiment pas ça!
8 Je prête souvent mes disques à mon frère; malheureusement il ne me rend pas tous les disques.

b 1 J'ai déjà visité le Louvre.
2 J'espère voir le Sacré Cœur demain.

3 Je peux te montrer les photos, si tu veux.
4 J'ai déjà donné l'argent à M. Benoît.
5 Je vais envoyer la lettre à mes parents tout de suite.
6 Je vais dire la nouvelle à Danielle tout de suite.
7 Je cherche mon portefeuille. Est-ce que tu as vu mon portefeuille?
8 Tu peux me prêter tes lunettes de soleil?
9 Ton voisin m'a donné ce poster!
10 Je peux te prêter ce jean, si tu veux.

B Replace the words underlined with **y** or **en**. Then say what the original and the new sentences mean:

1 Je vais au marché ce matin.
2 J'ai acheté ce disque dans ce magasin-là.
3 Ne prends pas mon pull; j'ai besoin de ce pull-là!
4 Il n'y a plus de pain!
5 J'espère aller en Allemagne l'an prochain.
6 Tu vas au collège maintenant?
7 Je n'ai plus d'argent français!
8 Je suis resté(e) deux semaines en Bretagne.
9 Je ne vais pas en Bretagne cette année.
10 Tu veux du café?

C Complete the following sentences by adding an appropriate stressed pronoun (**moi, toi, lui, elle, nous, vous, eux, elles**). Then say what the sentences mean in English:

1 Ah, c'est —— Danielle!
2 Dis à Georges qu'il y a une lettre pour ——.
3 Je t'invite à venir passer une quinzaine de jours chez ——.
4 Après ——, madame!
5 Mes parents vont à Londres demain; si tu veux, on peut y aller avec ——.
6 Il faut attendre Marie et Véronique; on ne peut pas partir sans ——.

7 Joëlle est assise là-bas; Pierre est assis à
   côté de/d' ——.
8 Voici le facteur; je vais voir s'il y a du
   courrier pour ——.

D Complete these sentences by putting **qui** or
   que in the gaps. Then say what the
   sentences mean in English:

1 Merci pour la lettre —— tu m'as envoyée.
2 Malheureusement je n'ai pas pu trouver
   le livre —— tu m'as demandé d'acheter
   pour toi.
3 Nous avons maintenant un nouveau prof
   de dessin —— est vraiment sensass!
4 Le copain —— a eu l'accident de moto
   s'appelle Patrick.
5 C'est le garçon —— a dansé avec toi à la
   boum et —— t'a tellement plu!
6 Tu te rappelles la boum —— Paul a
   organisée?
7 Voici une nouvelle —— te plaira! Mon
   frère vient de trouver le bracelet —— tu
   avais perdu lors de ton séjour chez nous!
8 Comme tu vois, j'écris sur le papier ——
   vous m'avez envoyé comme cadeau
   d'anniversaire.
9 Le voisin —— nous a emmené(e) au
   safari-park l'été dernier vient de mourir.
10 Je te rencontrerai à la gare, sous
    l'horloge —— se trouve au-dessus du
    kiosque à journaux.

E Show who owns the articles mentioned by
   adding one of the following:
   **à moi/à toi/à lui/à elle/à nous/à vous/à eux/à
   elles.** Then say what the sentences mean in
   English.

1 Véronique, est-ce que ce livre est ——?
2 Où sont Pierre et Alain? Je pense que ces
   affaires sont ——.
3 Hé! Ne prends pas ça! C'est ——, pas ——!
4 Monsieur, est-ce que ce billet est ——?
5 Où sont Hélène et Nicole? Ces bagages
   sont ——.
6 Excusez-moi, madame. Ces places sont ——.
7 Où est Thérèse? Je suis sûr(e) que cet
   argent est ——.
8 Tu peux rendre ça à Yves; c'est ——.

Useful lists

54 Cardinal numbers

1	un, une	11	onze
2	deux	12	douze
3	trois	13	treize
4	quatre	14	quatorze
5	cinq	15	quinze
6	six	16	seize
7	sept	17	dix-sept
8	huit	18	dix-huit
9	neuf	19	dix-neuf
10	dix	20	vingt

21	vingt et un
22	vingt-deux etc....
30	trente
31	trente et un
32	trente-deux, etc.
40	quarante
41	quarante et un
42	quarante-deux
50	cinquante
51	cinquante et un
52	cinquante-deux, etc.
60	soixante
61	soixante et un
62	soixante-deux, etc.
70	soixante-dix
71	soixante et onze
72	soixante-douze, etc.
80	quatre-vingts
81	quatre-vingt-un
82	quatre-vingt-deux, etc.
90	quatre-vingt-dix
91	quatre-vingt-onze
92	quatre-vingt-douze, etc.
100	cent
101	cent un
102	cent deux
200	deux cents
550	cinq cent cinquante
1000	mille
3000	trois mille
1.000.000	un million

55 Ordinal numbers

premier/première
deuxième
troisième
quatrième
cinquième
sixième
septième
huitième
neuvième
dixième
onzième
douzième
vingtième
vingt et unième, etc.

56 Approximate numbers

une dizaine (de)
une vingtaine (de)
une trentaine (de), etc.
une centaine (de)

N.B. une douzaine (de) — a dozen
      une huitaine de jours — a week
      une quinzaine de jours
        — a fortnight

57 Months of the year

janvier	avril	juillet	octobre
février	mai	août	novembre
mars	juin	septembre	décembre

Mon anniversaire est en janvier.
Quelle est la date aujourd'hui?

C'est aujourd'hui le | premier | janvier
                     | deux | mars,
                     | trois, etc. | etc.

Quand est-ce que vous partez en vacances?
— On part le trois juin.
Quelles sont les dates de votre séjour?
— Du trois au dix-sept juin.

58 Days of the week

Quel jour | sommes-nous | aujourd'hui?
          | est-on

Nous sommes | lundi   vendredi
On est | mardi   samedi
            | mercredi dimanche
            | jeudi

Quand est-ce que tu pars en vacances?
— Je pars vendredi (soir).
Quand est-ce que tu vas au foyer d'habitude?
— J'y vais d'habitude le samedi (matin).

59 Clock times

a Ordinary

Il est une heure.
Il est une heure cinq.
Il est une heure dix.
Il est une heure et quart.
Il est une heure vingt.
Il est une heure vingt-cinq.
Il est une heure et demie.
Il est deux heures moins vingt-cinq.
Il est deux heures moins vingt.
Il est deux heures moins le quart.
Il est deux heures moins dix.
Il est deux heures moins cinq.
Il est deux heures.

Il est midi (et demi, etc.)
Il est minuit (vingt, etc.)

A sept heures du matin.
A deux heures de l'après-midi.
Vers cinq heures du soir, *etc.*

b 24-hour

Le train part | à une heure quinze.
              | à douze heures trente.
              | à seize heures quarante-cinq.
              | à vingt heures cinq.
              | à zero heures trente-cinq, *etc.*

60 Seasons

le printemps — au printemps
l'été — en été
l'automne — en automne
l'hiver — en hiver

Verb tables

Regular verbs

Infinitive	Present	Imperative
donner — *to give*	je donne tu donnes il donne nous donnons vous donnez ils donnent	donne! donnons! donnez!
se cacher — *to hide*	je me cache tu te caches il se cache nous nous cachons vous vous cachez ils se cachent	cache-toi! cachons-nous! cachez-vous!
attendre — *to wait*	j'attends tu attends il attend nous attendons vous attendez ils attendent	attends! attendons! attendez!
choisir — *to choose*	je choisis tu choisis il choisit nous choisissons vous choisissez ils choisissent	choisis! choisissons! choisissez!

-er verbs with spelling changes

1 Verbs ending in **-e — er**, which change the **e** to **è** when the following syllable is mute, e.g. acheter, chanceler, élever, lever, mener, peser, se promener, soulever.

Present
		Future
j'achète	nous achetons	j'achèterai
tu achètes	vous achetez	
il achète	ils achètent	

2 Verbs ending in **-é — er**, which change the **é** to **è** before mute endings, e.g. espérer, s'inquiéter, posséder, préférer, refléter.

Present
j'espère	nous espérons
tu espères	vous espérez
il espère	ils espèrent

3 Verbs which double the final consonant when the following syllable is mute, e.g. appeler, étiqueter, jeter, se rappeler.

Present
		Future
j'appelle	nous appelons	j'appellerai
tu appelles	vous appelez	
il appelle	ils appellent	

Perfect	Imperfect	Future
j'ai donné	je donnais	je donnerai
tu as donné	tu donnais	tu donneras
il a donné	il donnait	il donnera
nous avons donné	nous donnions	nous donnerons
vous avez donné	vous donniez	vous donnerez
ils ont donné	ils donnaient	ils donneront
je me suis caché(e)	je me cachais	je me cacherai
tu t'es caché(e)	tu te cachais	tu te cacheras
il s'est caché	il se cachait	il se cachera
elle s'est cachée	nous nous cachions	nous nous cacherons
nous nous sommes caché(e)s	vous vous cachiez	vous vous cacherez
vous vous êtes caché(e)(s)	ils se cachaient	ils se cacheront
ils se sont cachés		
elles se sont cachées		
j'ai attendu	j'attendais	j'attendrai
tu as attendu	tu attendais	tu attendras
il a attendu	il attendait	il attendra
nous avons attendu	nous attendions	nous attendrons
vous avez attendu	vous attendiez	vous attendrez
ils ont attendu	ils attendaient	ils attendront
j'ai choisi	je choisissais	je choisirai
tu as choisi	tu choisissais	tu choisiras
il a choisi	il choisissait	il choisira
nous avons choisi	nous choisissions	nous choisirons
vous avez choisi	vous choisissiez	vous choisirez
ils ont choisi	ils choisissaient	ils choisiront

4 Verbs ending in **-yer**, which change the **y** to **i** when the following syllable is mute, e.g. appuyer, ennuyer, essayer, nettoyer, payer.

Present

		Future
j'appuie	nous appuyons	j'appuierai
tu appuies	vous appuyez	
il appuie	ils appuient	

5 Verbs ending in **-ger**, where the **g** is followed by **e** before **o** or **a**, to keep the sound soft, e.g. bouger, changer, échanger, manger, nager, partager, ranger.

Present

je bouge	nous bougeons
tu bouges	vous bougez
il bouge	ils bougent

Imperfect   je bougeais

6 Verbs ending in **-cer**, where the **c** changes to **ç** before **o** or **a**, to keep the sound soft, e.g. commencer, grincer, lancer, sucer.

Present

je commence	nous commençons
tu commences	vous commencez
il commence	ils commencent

Imperfect   je commençais

Irregular verbs

Infinitive	Present		Perfect	Future
aller — *to go*	je vais tu vas il va	nous allons vous allez ils vont	je suis allé(e)	j'irai
apprendre — *to learn*: see 'prendre'				
s'asseoir — *to sit down*	je m'assieds/assois tu t'assieds/assois il s'assied/assoit nous nous asseyons/assoyons vous vous asseyez/assoyez ils s'asseyent/assoient		je me suis assis(e)	je m'assiérai je m'assoirai
avoir — *to have*	j'ai tu as il a	nous avons vous avez ils ont	j'ai eu	j'aurai
battre — *to beat*	je bats tu bats il bat	nous battons vous battez ils battent	j'ai battu	je battrai
boire — *to drink*	je bois tu bois il boit	nous buvons vous buvez ils boivent	j'ai bu	je boirai
comprendre — *to understand*: see 'prendre'				
conduire — *to drive*	je conduis tu conduis il conduit	nous conduisons vous conduisez ils conduisent	j'ai conduit	je conduirai
connaître — *to know*	je connais tu connais il connaît	nous connaissons vous connaissez ils connaissent	j'ai connu	je connaîtrai
courir — *to run*	je cours tu cours il court	nous courons vous courez ils courent	j'ai couru	je courrai
croire — *to believe*	je crois tu crois il croit	nous croyons vous croyez ils croient	j'ai cru	je croirai
devenir — *to become*: see 'venir'				

Infinitive	Present		Perfect	Future
devoir — *to have to,* *must*	je dois tu dois il doit	nous devons vous devez ils doivent	j'ai dû	je devrai
dire —*to say, tell*	je dis tu dis il dit	nous disons vous dites ils disent	j'ai dit	je dirai
dormir — *to sleep*	je dors tu dors il dort	nous dormons vous dormez ils dorment	j'ai dormi	je dormirai
écrire — *to write*	j'écris tu écris il écrit	nous écrivons vous écrivez ils écrivent	j'ai écrit	j'écrirai
envoyer — *to send*	j'envoie tu envoies il envoie	nous envoyons vous envoyez ils envoient	j'ai envoyé	j'enverrai

être
— *to be*
	je suis
	tu es
	il est
		nous sommes
		vous êtes
		ils sont
			j'ai été
			Imperfect
			  j'étais
			Imperative
			  sois!
			  soyons!
			  soyez!
				je serai

faire — *to make, do*	je fais tu fais il fait	nous faisons vous faites ils font	j'ai fait	je ferai
falloir — *must, to* *be necessary*	il faut		il a fallu	il faudra
lire — *to read*	je lis tu lis il lit	nous lisons vous lisez ils lisent	j'ai lu	je lirai
mettre — *to put*	je mets tu mets il met	nous mettons vous mettez ils mettent	j'ai mis	je mettrai
mourir — *to die*	je meurs tu meurs il meurt	nous mourons vous mourez ils meurent	il est mort	je mourrai

Infinitive	Present	Perfect	Future
naître — to be born	*Present*: see 'connaître'	je suis né(e)	il naîtra
offrir — *to offer*: see 'ouvrir'			
ouvrir — to open	j'ouvre nous ouvrons tu ouvres vous ouvrez il ouvre ils ouvrent	j'ai ouvert	j'ouvrirai
partir — to leave	je pars nous partons tu pars vous partez il part ils partent	je suis parti(e)	je partirai
plaire — to please	je plais nous plaisons tu plais vous plaisez il plaît ils plaisent	j'ai plu	je plairai
pleuvoir — to rain	il pleut	il a plu *Imperfect:* il pleuvait	il pleuvra
pouvoir — can, to be able	je peux, puis-je? nous pouvons tu peux vous pouvez il peut ils peuvent	j'ai pu	je pourrai
prendre — to take	je prends nous prenons tu prends vous prenez il prend ils prennent	j'ai pris	je prendrai
recevoir — to receive	je reçois nous recevons tu reçois vous recevez il reçoit ils reçoivent	j'ai reçu	je recevrai
reconnaître — *to recognize*: see 'connaître'			
revenir — *to return*: see 'venir'			
rire — to laugh	je ris nous rions tu ris vous riez il rit ils rient	j'ai ri	je rirai
savoir — to know	je sais nous savons tu sais vous savez il sait ils savent	j'ai su	je saurai
sentir — *to smell; to feel*: see 'partir'			

Infinitive	Present		Perfect	Future
servir — *to serve*: see 'partir'				
sortir — *to go out*: see 'partir'				
sourire — *to smile*: see 'rire'				
suivre — *to follow*	je suis tu suis il suit	nous suivons vous suivez ils suivent	j'ai suivi	je suivrai
tenir — *to hold*: see 'venir'				
traduire — *to translate*: see 'conduire'				
venir — *to come*	je viens tu viens il vient	nous venons vous venez ils viennent	je suis venu(e)	je viendrai
vivre — *to live*	je vis tu vis il vit	nous vivons vous vivez ils vivent	j'ai vécu	je vivrai
voir — *to see*	je vois tu vois il voit	nous voyons vous voyez ils voient	j'ai vu	je verrai
vouloir — *to wish want*	je veux tu veux il veut	nous voulons vous voulez ils veulent	j'ai voulu	je voudrai

TEST: QUEL SPORTIF ETES-VOUS?

A) Si les réponses 1 sont les plus nombreuses, vous avez un goût très prononcé pour les sports les plus divers. Vous seriez plutôt attiré par les sports d'équipe. Peut-être parce que vous avez besoin des autres pour vous exprimer parfaitement. Besoin également d'amitié, de soutien dans l'effort.

B) Si les réponses 2 l'emportent vous aimez le sport pas tellement pour participer mais avant tout pour gagner. Vous êtes capable de vous dépasser en toutes circonstances, d'aller au-delà de vos possibilités physiques pour triompher. Les sports individuels semblent être faits pour vous.

C) Si les réponses 3 sont en plus grand nombre, c'est le côté spectacle du sport qui vous attire surtout. Ce côté spectacle, vous le ressentez d'ailleurs autant en qualité de spectateur que d'acteur.

Si les réponses 4 arrivent en premier, vous n'êtes pas fait pour la compétition. Et même le sport en tant que spectacle ne semble pas avoir un grand intérêt pour vous. Il est donc préférable pour vous de rechercher vos distractions en dehors des enceintes sportives.

Enfin si deux ou trois chiffres arrivent à égalité en tête, c'est que vous n'êtes pas toujours un adversaire très apprécié. En effet, il vous arrive de contester, de protester contre partenaires ou arbitres. Vous auriez intérêt à devenir un peu plus discipliné sur les stades pour y être apprécié comme dans la vie.

French — English vocabulary

This vocabulary contains all but the most common words which appear in the book, apart from some words in reading materials which are not essential to an understanding of the item. Where a word has several meanings, only those which occur in the book are given. Verbs marked * involve spelling changes; those marked ** are irregular. Check these in the verb tables.
F. = familiar, slang word or expression

abîmer to spoil, damage
un(e) **abonné(e)** subscriber
(s') **abonner à** to subscribe to
abri: à l'abri de sheltered from, away from
un **abribus** bus shelter
un(e) **accidenté(e) du travail** person injured at work
d' **accord** OK, agreed
accrocher to hang up
un **accueil** welcome, reception;
famille d'accueil host family
accueillant(e) friendly, hospitable
accueillir** to welcome, accommodate
les **actions** (f) shares (in a company)
les **actualités** (f) news
actuellement now, at the present time
l' **addition** (f) bill (in café, etc.)
adhérer to join, be a member of
l' **adhésion** (f) membership
un **aérateur** ventilator
un **aéroglisseur** hovercraft
s' **affadir** to lose its taste, appeal
les **affaires** (f) things, belongings;
— **d'affaires** business —
s' **affaisser** to collapse
une **affiche** poster, notice
affiché(e) displayed
affluence: les heures d'affluence rush-hour
affreux, -euse dreadful, awful
âge: 3e âge senior citizen, OAP
s' **agir de: il s'agit de** it's a question of, it's about
agité(e) restless;
une mer agitée a choppy, rough sea
agiter to shake

l' **ail** (m) garlic
aimable kind, nice
aîné(e) elder
ainsi que as well as, and — too
air: avoir l'air — to look —
une **AJ (auberge de jeunesse)** youth hostel
ajouter to add
les **alentours** (m) surroundings, vicinity
l' **alimentation** (f) food, groceries
l' **Allemagne** Germany
allemand(e) German;
l'allemand (the) German (language)
aller** to go
aller: un aller simple single ticket;
un aller-retour a return ticket
une **allumette** match
alors then, so;
ça alors! well (I'm blowed)!
un **amateur (de sport, etc.)** (a sport, etc.) lover
une **ambiance** atmosphere
améliorer to improve
un **an** year
un **animateur, une animatrice** leader, organizer
animé(e) busy, lively;
animé par... organized, run by...;
un dessin animé cartoon film
animer (un groupe, etc) to run, organize (a group, etc.)
une **année** year
annonces: les petites annonces small ad(vertisement)s
l' **annulation** (f) cancellation
antipathique unpleasant, disagreeable

l' **appareil** (m) phone;
appareil-photo camera;
X à l'appareil X speaking
appartenir** to belong;
il vous appartient de... it's up to you to...
s' **appliquer** to apply oneself, make an effort
appoint: faire l'appoint to give the right change, money
apporter to bring
apprendre** to learn
appuyer* to lean, rest, support; to press
âpre bitter
l' **arbitre** (m) referee, umpire
une **ardoise** slate
une **armoire** wardrobe
un **arrêt** stop
(s') **arrêter** to stop
les **arrhes** (f) deposit
arrière rear, back
un **ascenseur** lift, elevator
s' **asseoir**** to sit down
assez (de) enough
une **assiette** plate
assis(e) sitting, seated
une **assistance** audience
assister à to be present at, attend
assouplir to make supple, soften up
un **âtre** hearth, (open) fireplace
attirer to attract
attiser to fan (flames)
l' **aube** (f) dawn, daybreak
une **auberge** inn;
auberge de jeunesse youth hostel
auprès de next to, close to
autant so much;
autant que as much as
l' **auto-stop** (m) hitch-hiking
avachi(e) limp, flabby
avaler to swallow
avant front; before;
avant de... before —ing;

les **avants** forwards (in football, etc.)

avare mean, tight-fisted

l' **avenir** (m) future

une **averse** (f) shower

avertir to warn, inform

un **avion** aeroplane

un **avis** notice; opinion;
    à mon avis in my opinion

aviser to inform

avoir** to have

avouer to admit, confess

ayant having

le **bac (baccalauréat)** examination (*roughly equivalent to A level*)

une **bagarre** F. fight, brawl, punch-up

une **baguette** chopstick; French stick (*loaf of bread*)

la **baignade** bathing

se **baigner** to bathe

le **bain** bath;
    la salle de bain bathroom;
    un bain de soleil sunbathing

baisse: en baisse dropping, falling, going down

se **balader** F. to go for a walk, drive

une **baleine** whale

une **bande dessinée** cartoon strip

une **banlieue** suburb

barbant(e) F. boring

une **barque de sauvetage** life-boat

un **barreau** bar

des **bas** (m) stockings

un **bateau-mouche** pleasure cruiser (*boat*)

battre** to beat

bavard(e) talkative, gossipy

bavarder to chat(ter), gossip

un **beignet** fritter, doughnut

bénévole voluntary, unpaid

bénir to bless

besoin: avoir besoin de to need

bête silly, stupid

une **bêtise** a stupid thing (to say or do)

bien well;
    bien entendu of course

bientôt soon

bienvenue: souhaiter la bienvenue to welcome

les **bigourneaux** (mpl) winkles

un **bijou** (pl. **bijoux**) jewel

le **bilan** number, list, toll

une **bille** marble

bis: 2 bis 2a (*house number*)

une **bise** kiss

une **blague** joke

(se) **blesser** to hurt (oneself)

un(e) **blessé(e)** injured person, casualty

une **blessure** injury

un **bloc sanitaire** toilet and shower block (*on campsite*)

un **blouson** jacket

boire** to drink;
    boire la tasse to get a mouthful (*when swimming*)

le **bois** wood

une **boisson** drink

une **boîte** box; tin, can;
    en boîte tinned, canned

bon(ne) good;
    pour de bon for good

bondé(e) packed (full)

un **bonhomme** chap, bloke, fellow;
    bonhomme de neige snowman

le **bord** edge;
    au bord de la mer at the seaside;
    à bord de on board;
    le capitaine de bord purser (*on ship*)

le **bordereau** slip, statement, counterfoil

bosser F. to work, slog

la **bouche** mouth

bouffer F. to eat

la **bouillabaisse** fish stew (*Provençal speciality*)

une **boulangerie** baker's shop

un **boulot** F. work, job

une **boum** F. party

un **bout** piece; end;
    au bout de at the end of

un **branchement électrique** electrical point (*for caravan, etc.*)

le **bras** arm

une **brasserie** restaurant; brewery

la **Bretagne** Britanny

bricoler to do DIY jobs, do odd jobs around the home

briller to shine;
    je ne brille pas en...
    I'm not much good at...

un **briquet** (cigarette) lighter

une **broche** brooch; spit (*for cooking*)

le **brouillard** fog

broyer to break up, off (*friendship*)

la **bruine** drizzle

un **bruit** noise

(se) **brûler** to burn (oneself)

une **brûlure** burn

la **brume** mist

brumeux misty

bruyant(e) noisy

une **buanderie** laundry

un **buffet** buffet; sideboard

un **bulletin d'adhésion** membership application form

le **buis** box (tree, shrub)

un **but** goal

ça this, that; **ça alors!** well (I'm blowed)!

un **cachet** tablet; fee

un **cadeau** (pl. **cadeaux**) present, gift

le **cadran** dial (on telephone)

le **cadre** frame, surroundings, scope

cafard: avoir le cafard F. to be down in the dumps, fed up

une **cafetière** coffee pot

la **caisse** cash desk, check-out, cashier's desk

un **camion** lorry, truck

une **camionnette** van

un **canapé** settee, sofa

un **canif** penknife

une **canne** stick; **canne à pêche** fishing rod

le **capitaine de bord** purser (on boat)

capiteux heady, strong

un **car** bus, coach

une **carafe** carafe (*glass container for water, wine, etc.*)

le **Carême** Lent

un **carnet** note book

un **carrefour** crossroads

une **carte** card; menu; map;
    carte routière road map;
    carte de taxation list of charges (*on public telephone*)

le **carton** cardboard; cardboard box

un **casque** helmet

une **casquette** cap

casse-pieds boring, a pain (in the neck)

casser to break

une **casserole** saucepan

le **cassis** blackcurrant

une **cave** cellar

céder le passage to give way

la **CEE (Communauté Economique Européenne)** Common Market, EEC

une **ceinture** belt;
    ceinture marron brown belt (*judo grade*)

cela that

un(e) **célibataire** batchelor, single woman

celui-ci, celle-ci, ceux-ci, celles-ci this one, these ones

les **cendres** (*f*) ashes

un **cendrier** ashtray

cependant however, nevertheless

chahuter F. to make a row, behave in a rowdy fashion; to play up (*a teacher*)

une **chaîne** chain; (TV) channel; **chaîne hi-fi** hi-fi system

la **chair** flesh

une **chaise** chair

la **chaleur** heat

un **champ** field

un **champignon** mushroom

chance: avoir de la chance to be lucky

un **chapeau** hat

chaque each, every

un **char** (carnival) float

le **charbon** coal; **charbon de bois** charcoal

une **charcuterie** pork butcher's shop and delicatessen

charge: une charge financière a financial burden; **prendre en charge** to take charge of, take care of

la **chasse** hunting

chaud(e) hot; **avoir chaud** to be hot (*people*); **faire chaud** to be hot (*weather*)

un **chauffard** reckless driver, hit-and-run driver

le **chauffage** heating

chauffé(e) heated

la **chaussée** road(way); **le rez-de-chaussée** ground floor

une **chaussette** sock

une **chaussure** shoe

chauve bald

le **chef de groupe** party, group leader

un **chéquier** cheque book

un **chemin** way, path; **le chemin de fer** railway

un **cheminot** railwayman

une **cheminée** chimney; open fireplace

une **chemise** shirt

un **chemisier** blouse

un **chêne** oak tree

cher, chère dear, expensive

chevaline: une boucherie chevaline horse-meat butcher's

chevet: une table de chevet bedside table

les **cheveux** (*mpl*) hair

une **chèvre** goat

chez at —'s house, place, at —'s shop; **chez moi** at/to my house, place; **chez nous** at/to our house, place, in our country

un **chiffre** figure, number, total, sum

un **chiot** puppy

chiper F. to steal, nick, pinch, swipe

un **choix** choice

le **chômage** unemployment

une **chose** thing; **quelque chose** something; **pas grand' chose** not much

un **chou** (*pl.* **choux**) cabbage; **un chou-fleur** cauliflower

chouette! F. great! super! smashing!

une **chute** fall

le **ciel** sky

ci-joint enclosed (*with letter*)

un **circuit touristique** tour, round trip

la **circulation** traffic

cité(e) quoted

un **citron** lemon

clair clear; **bleu clair** light blue

une **clé, clef** key; spanner; **une clé/clef anglaise** wrench

un **clignotant** indicator (on car)

une **cloche** bell; **mettre sous cloche** to put under wraps

une **clôture** fence

clouté(e) studded; **passage clouté** pedestrian crossing

cocher to tick off, put a tick (next to)

un **cocotier** coconut palm

la **coiffure** hair style; hairdressing

un **coin** corner; **dans le coin** in the neighbourhood, nearby

coincer: se coincer les doigts to pinch one's fingers

un **colis** parcel

un **collant** (pair of) tights

un **collège** (secondary) school

combien (de...)? how much? how many?;

tous les combien? how often?

le **combiné** receiver (*telephone*)

une **commande** order

commander to order

un **commissariat de police** police station

commode useful, handy

une **commode** chest of drawers

composé(e): une salade composée mixed salad

composer: composer un numéro to dial a number

composter to date stamp (*a ticket*)

comprendre** to understand; to comprise

un **compte** an account

compris, y compris including, inclusive of

un(e) **concessionnaire** agent, dealer

un **concours** competition

conduire** to drive

la **conduite** driving

la **confiture** jam; **confiture d'oranges** marmelade

un **congélateur** freezer

connaissance: faire la connaissance de to meet, make the acquaintance of; **les connaissances** knowledge

connaître** to know, be acquainted with

conseiller to advise

la **consigne** left luggage office; deposit

la **consommation** drink(s), what had been drunk

contre against; **par contre** on the other hand

en **contrepartie** in return

un **contretemps** hitch, snag

le **contrôle** control; check

convenir** to be suitable

un(e) **convive** guest (*at table*)

un **copain, une copine** friend, mate, pal

copieux, -ieuse copious, hearty, substantial

un **cordonnier** cobbler, shoe repairer

une **correspondance** connection (*train, plane, etc.*)

cossu(e) well-to-do

la **côte** coast

le **côté** side; **à côté de** next to

côtier, -ière coastal

une **cotisation** subscription

le **cou** neck
se **coucher** to lie down, go to bed
le **coude** elbow
coudre** to sew;
une machine à coudre sewing machine
couler: je me la coulerais douce, I'd have a quiet time, take it easy
coup: un coup de main a helping hand;
un coup de soleil sunburn
(se) **couper** to cut (oneself);
le moteur a coupé the motor cut out
courant: du 17 courant of the 17th inst. (i.e. of this month)
le **courant** current, power, electricity;
un courant d'air draught
courir** to run
le **courrier** post, mail
un **cours** lesson, class
une **course** race
le **couscous** couscous (Arab dish)
un **couteau** (*pl.* **couteaux**) knife
la **couture** sewing, needlework; dressmaking
couvert(e) covered;
ciel couvert overcast sky;
piscine couverte indoor swimming pool
le **couvert: mettre le couvert** to lay the table
une **couverture** blanket
les **crachins** (*mpl*) drizzle
la **crème anglaise** custard
une **crêpe** pancake
crevé(e) punctured; exhausted, worn out
croire** to believe
croiser to pass, cross, meet
un **croque-monsieur** toasted ham and cheese sandwich
croustillant(e) crisp, crunchy; spicy
la **croûte** crust;
casser la croûte to have a snack
les **crudités** (*fpl*) salads
cueillir** to pick
une **cuiller, cuillère** spoon
le **cuir** leather
cuire** to cook
la **cuisine** kitchen; cooking; food
un(e) **cuisinier, -ière** cook
la **cuisson** cooking
cuit cooked;

bien cuit well-done (*steak, etc.*)

la **dactylographie** shorthand
un **dauphin** dolphin
davantage more
débattre: à débattre to be agreed, negotiated (*price*)
un **débouché** opening (for a job)
débrancher to disconnect
le **début** beginning
déchirer to tear, rip
décoller to take off (*aeroplane*)
décrocher to pick, lift up (*receiver of telephone*)
déçu(e) disappointed
dedans in it, inside
défaire to undo, unpack (*case, etc.*)
défendu forbidden
défiler to parade, march (past)
dégonflé(e) deflated
dégoûtant(e) disgusting
la **dégustation** tasting, sampling
en **dehors de** outside
un **délice** delight
le **deltaplane** hang-gliding
demain tomorrow
démarrer to start up, move off
le **déménagement** moving (house)
déménager* to move (house)
la **demeure** residence
demeurer to live, stay
demi(e) half;
demi-pension half-board
démissionner to resign, give in one's notice
les **denrées** (*fpl*) food(stuffs)
une **dent** tooth
dépanner to fix, repair (car, etc.)
dépasser to exceed, surpass, overtake;
se dépasser to excel oneself
dépayser to disorientate
se **dépêcher** to hurry
dépenser to spend
se **déplacer** to move, travel, get about
un **dépliant** leaflet
déposer to drop off, deliver
déprimer to depress
dès from;

dès que as soon as
desherber to weed
désolé(e) sorry
desservir** to serve
un **dessin** drawing;
dessin animé cartoon (film)
au **dessous de** underneath
au **dessus de** above
se **détendre** to relax
un **deux-pièces** two-roomed flat
un **deux-roues** two-wheeled vehicle
devant in front of
devenir** to become
les **devises** (*fpl*) currency, money
devoir** must, to have to; to own
les **devoirs** (*mpl*) homework
diffuser to broadcast
un **diorama** slide show
dire** to say, tell
la **direction** management
un **discours** speech
discuter to discuss
disponible available
disposition: à votre disposition at your disposal
une **dissertation** essay
dissoudre to dissolve
dissimuler to conceal, hide, cover up
se **dissiper** to clear, disperse
divers, diverses various
une **dizaine de** about, roughly ten
un **doigt** finger
dommage: quel dommage! what a shame!
donné: c'est donné! it's a bargain!; **étant donné que...** given that...
donner to give;
donner sur to look out (on to)
dormir** to sleep
doré(e) golden
un **dortoir** dormitory
le **dos** back
le **dossier** back (of chair, etc.)
la **douane** customs
le **double-vitrage** double glazing
la **doublure** lining; stand-in (for actor)
une **douche** shower
doux, douce soft, quiet, gentle;
feux doux low heat;
eau douce fresh water

une **droguerie** chemist's shop
le **droit** right;
   avoir le droit de/avoir
   droit à to have the right to;
   tout droit straight ahead
à **droite** on/to the right
drôle funny (ha-ha or
   peculiar)
drôlement extremely
un **duplex** split-level
   appartment, flat
la **durée** duration, length

l' **eau** (*f*) water
ébréché(e) chipped
l' **ébullition** (*f*) boiling
échanger to exchange
une **échelle** ladder; scale
un **éclair** (flash of) lightning;
   une fermeture éclair zip
   fastener
une **éclaircie** bright, sunny
   interval
éclairer to light (up)
éclater to explode, burst,
   break out;
   s'éclater à mort to have
   a great time
écossais Scottish
l' **Ecosse** (*f*) Scotland
un **écran** screen
écraser to run over, crush;
   s'écraser to crash
écrire** to write
une **écurie** stable
efficace efficient, effective
l' **effondrement** (*m*) collapse
s' **effondrer** to collapse
s' **effriter** to crumble
égal: ça m'est égal I don't
   mind, it doesn't matter
   to me
également too, as well
égoutter to wring out, drain
un **égouttoir** draining board
un(e) **élève** pupil
élevé(e) high
élever to bring up
   (*children*); to raise (*animals*)
élu elected
emballer to wrap, pack (up)
embêtant annoying
embêter to bother
l' **embouchure** (*f*) mouth
un **embouteillage** traffic jam
une **émission** programme,
   broadcast
emmener* to take (with
   one)
un **emplacement** site, pitch
   (for tent)
un **emploi** job;
   emploi du temps

timetable
emporter to take (with one);
   à emporter take-away
   (*food*)
emprunter to borrow
encadrer to run, take
   charge of
encaisser to cash (*cheque*)
enchanté(e) delighted;
   pleased to meet you
un **endroit** place
enfantin(e) childish
enfermer to shut up, lock up
enfiler to slip into, slip on
enflé(e) swollen
enfoncer* to drive, push,
   knock in; to sink in
engagé: les frais
  engagés the expenses
  incurred
enlever* to remove, take off
ennuyeux, -euse boring
enregistrer to record
enrhumé(e): je suis
  enrhumé(e) I've got a cold
enseigner to teach
ensemble together
ensoleillé(e) sunny
entamer to start
entendre to hear; to
  understand;
  s'entendre bien avec
  quelqu'un to get on
  well with someone
entendu agreed;
  bien entendu of course
enterrer to bury
entier, -ière whole, entire
l' **entraînement** (*m*) training
entraîner to train
une **entrée** entrance; first
  course
l' **entrejambes** (*m*) inside
  leg (measurement)
envie: j'ai envie de
  I fancy, feel like
environ about, roughly,
  approximately
l' **envoi** (*m*) sending
envoyer* to send
une **épaule** shoulder
une **épicerie** grocer's shop
éplucher to peel
une **époque** age, time
une **épreuve** test; (sporting)
  event
une **équipe** team
l' **équitation** (*f*) horse-riding
un **escargot** snail
l' **escrime** (*f*) fencing
un **espace** space
l' **Espagne** (*f*) Spain
espagnol(e) Spanish

espérer* to hope
essayer* to try; to try on
l' **essence** (*f*) petrol
l' **essoufflement** (*m*)
  breathlessnes, being out
  of breath
essuyer* to wipe
un **étage** floor, storey
un **étalage** display; stall
étant being;
  étant donné que...
  given that...
une **étape** stage
un **état** state, condition;
  état d'esprit state of mind;
  les Etats-Unis United States
l' **été** (*m*) summer
une **étiquette** label
étoffer to fill out
l' **étouffement** (*m*) suffo-
  cation, choking, stifling
étranger, -ère foreign;
  un(e) étranger, -ère
  foreigner; stranger;
  à l'étranger abroad
être** to be
un(e) **étudiant(e)** student
eux they, them
s' **évader** to escape
éviter to avoid
exiger* to demand
expliquer to explain
une **exposition** exhibition
un **express** espresso (coffee);
  fast train
s' **exprimer** to express
  oneself

façon: de toute façon
  anyway, in any case
facultatif optional;
  arrêt facultatif request stop
fade insipid, tasteless
faible weak
faim: avoir faim to be
  hungry
faire** to make, do;
  fais/faites voir let me see;
  ça ne fait rien it doesn't
  matter;
  je fais du... my size is...;
  ne t'en fais pas don't get
  upset;
  faire nettoyer (etc.)
  quelque chose to get
  something cleaned (etc.);
  ça fait 2 ans que
  je... I've been — ing
  for 2 years
un **fait divers** (short) news item
une **falaise** cliff
falloir** to be necessary
la **farine** flour

faucher to mow down; F. to pinch, steal

faut: il faut it is necessary; il me faut I must; need

un fauteuil armchair; fauteuil d'orchestre seat in the stalls

faux, fausse false, wrong; un(e) faux/fausse débutant(e) someone with some knowledge of the subject

félicitations! congratulations!

férié: jour férié public holiday, bank holiday

une fermeture (éclair) (zip) fastener

fêter to celebrate

le feu fire; vous avez du feu? have you a light (for my cigarette)? feu d'artifice firework

un feuilleton serial

les feux (traffic) lights

une fève (broad) bean

une fiche card, form, certificate, pamphlet; fiche explicative information sheet

fier, fière proud

un filet net; string bag; fillet

une fille girl; daughter; fille-fille F. girlish, 'pretty-pretty'

un fils son

la fin end

le flair intuition

le flirt boyfriend

le foie liver

fois time, occasion

foncé dark (colour)

le fond back, bottom; au fond de at the back, bottom of

fondre to melt

fondu(e) melted

la fonte cast iron

la Forêt Noire the Black Forest, Schwarzwald (region in Germany)

formidable! great! tremendous!

fort(e) strong; fort(e) en good at

fou, folle mad, crazy

la foudre lightning

foudroyer* to strike down (lightning)

fouler: se fouler la cheville to sprain one's ankle

le four oven

la fourchette fork

fournir to supply

le foyer hearth; family, home; le foyer des jeunes youth club

les frais(mpl) expenses, costs

une fraise strawberry

le frein brake

freiner to brake

les friandises (fpl) sweets

le fric F. money, cash

les fringues (fpl) F. clothes, 'gear'; fringues branchées fashionable clothes

frisé(e) curly

les frites (fpl) chips

froid(e) cold; avoir froid to be cold (person); faire froid to be cold (weather)

le fromage cheese

une fuite leak; prendre la fuite to flee, run away

gâcher to spoil

gagner to win; to earn

une galette (flat) cake

Galles: le Pays de Galles Wales

gallois Welsh

garder to keep; to look after; garder le lit to stay in bed

une gare station; gare maritime harbour station; gare routière bus/coach station

gâté(e) spoilt

gazeuse: une boisson gazeuse fizzy drink

geler* to freeze

gêner to bother

le genou knee

le genre kind, type, sort

les gens (m or fpl) people

gentil(le) nice, kind

une girouette display, sign (on front of bus)

un gîte rural farmhouse accommodation (for tourists)

une glacière icebox

glisser to slip

un gobelet beaker

gonflable inflatable

la gorge throat

un(e) gosse kid

une gourmette identity bracelet

le goût taste

goûter to taste, try

le goûter tea (meal)

une goutte drop

les gradins (mpl) terracing, terraced seating

grand(e) big, tall; pas grand' chose not much, not a lot; les grandes surfaces hypermarkets; les grandes vacances summer holidays

gras(se) fat(ty), greasy; faire la grasse matinée to have a lie-in

gratuit(e) free (of charge)

un grenier loft; attic

une grève strike

la grippe influenza, 'flu

gris(e) grey

la guerre war

ha. (hectare) hectare (10,000 sq. m)

d' habitude usually

haché(e) minced

un haricot bean

en hausse rising

haut(e) high

hebdomadaire weekly

héberger to accommodate, lodge

une heure hour; à une heure at one o'clock; de bonne heure early; tout à l'heure a short while ago; soon; à tout à l'heure see you later

heureusement fortunately

heurter to bump into

hippique horse, equestrian

un hippodrome racecourse

l' hiver (m) winter

un horaire timetable, schedule

une horlogerie watchmaker's shop

un horodateur machine (which stamps time and date on tickets)

horreur: j'ai horreur de I loathe, detest

le hors-piste skiing off the recognized slopes, cross-country skiing

hors-taxe duty-free

l' hôtel de ville town hall

l' huile (f) oil

une huitaine (de jours) a week

humer to smell

hydrophile: le coton hydrophile cotton wool

une **île** island
un **illustré** magazine
une **immatriculation**
    registration number
un **immeuble** building,
    block of flats
un **imper(méable)** mac
    (-intosh), raincoat
    importe: n'importe où
    anywhere;
    n'importe quand at any
    time;
    n'importe quel(le)... any;
    n'importe quoi anything
les **impôts** (*mpl*) (income) tax
    incassable unbreakable
un **incendie** fire
    incroyable unbelievable,
    incredible
    indemne de unaffected
    by, free from
l' **indicatif** (*m*) (telephone)
    code
    indifféremment either,
    as you wish
    inférieur à less than
    infernal: un bruit
    infernal dreadful,
    terrible noise
    infiniment: je regrette
    infiniment I'm
    dreadfully sorry
un(e) **infirmier, -ière** nurse
les **informations** (*fpl*) news
l' **informatique** infor-
    mation technology,
    computer science
    inoubliable unforgettable
    inouï(e) unheard-of
s' **inquiéter** to worry;
    ne vous inquiétez pas!
    don't worry!
les **intempéries** (*fpl*) bad
    weather
    interdit forbidden,
    prohibited
    intéressant(e) interesting;
    prix intéressant
    reasonable price
    inutile useless
l' **Irlande** (*f*) Ireland
    irlandais(e) Irish
    isolation: l'isolation
    phonique (*f*) sound-
    proofing
une **issue** exit, way out

le **jambon** ham
    jaune yellow
    jeter* to throw;
    jeter à la poubelle to
    throw in the (dust)bin
un **jeton** token

    jeune young
la **jeunesse** youth;
    une auberge de jeunesse
    youth hostel
un **jeu** (*pl* **jeux**) game;
    les jeux d'eaux fountains
    joint: ci-joint enclosed
    (*with letter*)
    joli(e) pretty, attractive
une **journée** day
un **jumeau, une jumelle**
    twin
    jumeler* to twin (*towns*)
une **jupe** skirt

    là there;
    là-bas over there
    laid(e) ugly
la **laine** wool
    laisser to leave
le **lait** milk;
    café au lait white coffee
une **laiterie** dairy
    langer* to change (the
    nappy of)
un **lapin** rabbit
le **lavage** washing
une **laverie** launderette
un **lecteur, une**
    lectrice reader
la **lecture** reading
    léger, -ère light;
    prendre à la légère to
    take lightly
les **légumes** (*mpl*) vegetables
    lequel, laquelle,
    lesquels, lesquelles?
    which (one)?
la **levée (du courrier)**
    collection (of post)
se **lever*** to get up; to stand up
une **librairie** bookshop
    libre free
un **lieu** place
    liquide: l'argent liquide
    cash
    lire** to read
    lisse smooth
un **lit** bed
le **littoral** coast
le **livre** book
la **livre** pound
    livrer to deliver
la **location** hiring, renting
    loin (de) far (from)
    long: un vol de long courrier
    long-distance flight
    lors de at the time of, on
    the occasion of, during
    lorsque when
    louer to rent, hire
la **lune** moon
les **lunettes** glasses, spectacles

une **lutte** struggle
un **lycée** secondary school

un **magasin** shop
un **magnétophone** tape
    recorder
    maigre (very) thin, skinny
un **maillot** vest;
    maillot de bain bathing
    costume, swimsuit,
    bathing trunks
la **main d'œuvre** labour,
    manpower
    maintenant now
la **mairie** town hall
le **maître** master;
    maître-nageur-sauveteur
    lifeguard
    majorer to increase
la **majorité** majority;
    coming of age (i.e.
    becoming an adult)
    mal badly;
    j'ai mal à la tête my
    head aches;
    le bras me fait mal my
    arm hurts;
    ça fait mal that hurts;
    j'ai du mal à... I find it
    difficult to...;
    le mal de mer seasickness;
    pas mal de lots of
    malade ill
    maladroit(e) clumsy
une **malaise** uneasiness,
    feeling of faintness,
    discomfort
la **malveillance** malicious
    intent, vandalism
    mandaté: une personne
    mandatée representative
une **manifestation** demonstration
    manquer to miss; to be
    missing;
    mes parents me
    manquent I miss my
    parents
un **manteau** coat
un **maquereau** mackerel
une **maquette** model
se **maquiller** to make up
    (one's face)
un **marché** market;
    bon marché cheap
    marcher to walk; to
    work, function;
    ça ne marche pas it
    doesn't work, won't work
une **marina** marina, yacht basin
une **marque** make (of car, etc.)
    marre: j'en ai marre I'm
    fed up with it
    marron brown

une **matière (scolaire)** (school) subject

la **matinée** morning; **faire la grasse matinée** to have a lie-in

méchant nasty; vicious

une **méduse** jellyfish

un **mélange** mixture

mélanger* to mix

se **mêler de** to meddle with, interfere in

même even; same; **voire même** (and) even

le **ménage** housework; **une femme de ménage** cleaning lady, domestic help

une **ménagère** housewife

la **menthe** mint

la **mer** sea

mettre** to put; to put on; **combien voulez-vous mettre?** how much do you want to spend?

un **meuble** (a piece of) furniture

meurs (see **mourir**): je **meurs de soif** I'm dying of thirst

midi midday; **le Midi** South (of France)

le **miel** honey

mieux better

mignon(ne) sweet, cute

mince thin, slim

à **mi-temps** at half-time

une **mob(ylette)** moped

la **mode** fashion

moins less **moins grand(e)** smaller

un **mois** month

moment: passer un bon moment to have a good time

le **monde** world; **tout le monde** everyone; **beaucoup de monde** lots of people

la **monnaie** change

la **moquette** (wall-to-wall) carpet

moral: remonter le moral to raise someone's spirits

un **morceau** (*pl.* **morceaux**) bit, piece

mordre to bite

une **morsure** bite

mort(e) dead

la **mort** death

un **mot** word; **mots croisés** crossword (puzzle)

un **motard** motorcycle cop

une **motte** lump

un **mouchoir** handkerchief

mouiller to wet

mourir** to die

un **mouton** lamb

un **moyen** a way, means **moyen(ne)** average

se **munir de** to bring, carry

un **mur** wall

la **musculation** body-building

un **mutilé de guerre** person disabled in the war

naître** to be born

une **nappe** tablecloth; **nappe de brouillard** blanket of fog

natal(e): la ville natale the town in which one was born

la **natation** swimming

le **navire** ship

né(e) born

la **neige** snow **neiger** to snow

le **nettoyage** cleaning **nettoyer*** to clean

neuf, neuve (brand) new

ni: ne...ni...ni neither... nor...

le **niveau** level; **un passage à niveau** level crossing

noir(e) black; **le travail au noir** undeclared work (i.e. on which no tax is paid)

une **noisette** hazelnut

le **nom** name; **nom de famille** surname

nombreux, -euse numerous, many; **une famille nombreuse** large family

nommer to name

normalisé(e) standard

nourrir to feed

un **nourrisson** infant (still being breast-fed)

la **nourriture** food

nouveau, nouvelle new; **à nouveau** again

les **nouvelles** (*fpl*) news

une **noyade** drowning

un **nuage** cloud **nuageux, -euse** cloudy

nul, nulle no; nil; **nul(le) en...** useless at...

la **nuque** (back of the) neck

oblitérer to cancel, stamp

s' **occuper de** to take charge of, deal with

odieux, -euse hateful

un **œil** eye

offrir** to offer; **c'est moi qui offre!** I'm paying; **s'offrir** to treat oneself to

un **ongle** (finger)nail

l' **or** (*m*) gold

un **orage** storm

orchestre: à l'orchestre in the stalls

ordinaire ordinary; two-star (*petrol*)

une **ordonnance** prescription

ordonner to order; to prescribe; to organize, arrange; **bien ordonné(e)** tidy, well organized

une **oreille** ear

un **organisme** organization, body

oublier to forget

un **outil** tool

l' **ouverture** (*f*) opening; **les heures d'ouverture** opening hours

ouvrable: un jour ouvrable working day

une **ouvreuse** usherette

ouvrir** to open

panne: en panne broken down; **tomber en panne** to break down

un **panneau** sign, notice

un **papillon** butterfly

pareil(le) the same, alike, similar

parfait(e) perfect

une **part** part, share; **à part ça** apart from that; **faire part de** to announce; **prendre part à** to take part in

partager* to share

partir** to leave

partout everywhere

passer to pass; to spend (*time*); to take (*exam*); **qu'est-ce qu'on passe?** what's on?

le **patin à glace** ice skating

le **patinage** skating

une **patinoire** skating rink

un **pédalo** pedal-boat

peine: à peine hardly; **ça ne vaut pas la peine/ça n'est pas la peine** it's not worth it, not worth the trouble

la **peinture** painting; paint

une **pellicule** film (*for camera*)
peser* to weigh
les **petits pois** (*mpl*) peas
une **pièce** room; play; coin;
  5 francs la pièce 5 francs
  each
une **piqûre** injection; (insect)
  bite; sting
pire worse
plaire** to please
un **plateau** (*pl.* **plateaux**) tray
plein(e) full;
  en plein air in the open air;
  plein de lots of;
  plein les murs all over
  the walls
pleuvoir** to rain
un **plombage** filling (*in tooth*)
point: à point medium
  (*steak*)
un **poisson** fish
un **pont** bridge; deck (*of ship*)
une **portière** door (*of vehicle*)
poses: 24 poses 24
  exposures (*on film*)
un **poulet** chicken
une **poupée** doll
un **pourboire** tip
pouvoir** to be able, can
pratiquer to do, go in for
  (*sport*)
préférence: de
  préférence preferably
prendre** to take
presque almost
pressé(e) urgent; in a hurry
prêt(e) ready
prêter to lend
prévu(e) expected; planned
prier to ask, request
le **prix** prize; price
des **projets** (*mpl*) plans
propre clean; own

un **quai** platform
quand? when?;
  quand même just the same
quant à as for
que whom, which, that;
  ne...que, only
quelconque some...or
  other, any...(you like)
le **quincailler** ironmonger
une **quincaillerie** ironmonger's, hardware shop
une **quinzaine (de jours)**
  fortnight
quitter to leave;
  ne quittez pas! hold on!
  don't hang up!
quoi? what?;
  (il n'y a) pas de quoi!
  don't mention it!

quotidien(ne) daily

rabaisser to lower
raccourcir to shorten
raccrocher to put down
  (*receiver*), to hang up
  (*telephone*)
raconter to tell, relate
les **rafraîchissements** (*mpl*)
  refreshments
la **rage** rabies
une **raie** parting (*in hair*)
ralentir to slow down,
  decelerate
le **ramassage (scolaire)**
  school bus service
une **rame** (underground) train
les **Rameaux (la Fête des**
  Rameaux) Palm Sunday
se **ramollir** to go soft
une **randonnée** walk, hike,
  ramble; ride
ranimer to revive, bring
  round
râper to grate
un **rapide** express train
rapport: par rapport à in
  relation to, with regard to
ravi(e) delighted
rayer to scratch
un **rayon** shelf; department
recevoir** to receive
un **reçu** receipt
reconnaître** to recognize
un **réfectoire** dining hall
un **régime** diet
un **règlement** rule, regulation;
  payment, settling up
régler to pay, settle up
la **reine** queen
relation: mettre en relation
  to put in touch
relève: la relève des
  gardes the changing of the
  guards
un **relevé** statement, list
relier to bind; to link up,
  connect
remarquer to notice
rembourser to pay back
remercier to thank
les **remerciements** (*mpl*) thanks
remonter to raise
remuer to stir
rendre to give back, hand in;
  rendre plus agréable to
  make more pleasant;
  se rendre to go
un **renseignement** (piece of)
  information
se **renseigner** to make
  inquiries, ask for
  information

la **rentrée** start of new
  school year
rentrer to go/come back
  (home)
renverser to knock over,
  down
renvoyer* to send back
réoblitérer to stamp
  (ticket) again
réparti(e) spread out
un **repas** meal
le **repassage** ironing
repasser to iron
le **repos** rest
la **reprise** starting up again;
  reprise des verres vides
  reception point for empty
  bottles (*at hypermarket*)
un **réseau** network
résoudre to resolve
se **ressembler** to look alike,
  resemble one another
réstituer to give back
en **retard** late
retenir** to hold (back),
  reserve
retirer to collect, pick up
le **retour** return journey;
  un aller-retour return
  ticket
la **retraite** retirement
retraité(e) retired
se **retrouver** to meet (up
  again)
se **réunir** to meet, get
  together
réussir to succeed
le **réveillon** Christmas/New
  Year's Eve party/dinner
réveillonner to celebrate
  Christmas/New Year's
  Eve (with a party/dinner)
revenir** to return;
  revenir cher to be
  expensive
le **revenu** income
rêver to dream
le **rez-de-chaussée** ground
  floor
un **rhume** cold
un **rideau** (*pl.* **rideaux**) curtain
rien: ne...rien nothing;
  rien d'autre nothing
  else;
  de rien don't mention it,
  you're welcome
la **rigolade** fun, joke,
  laughing matter
rigoler F. to laugh, have
  a laugh, fun; to be
  joking, kidding
rire** to laugh
le **riz** rice

une **robe** dress
un **rocher** rock
un **roi** king
un **roman** novel
   rompre to break
un **rond-point** roundabout
   ronger* to chew
   rose pink
un **rôti** joint, roast meat
une **roue** wheel;
   roue de secours spare
   wheel
la **rougeole** measles
   rougir* to blush
un **rouleau** rolling-pin
   rouler to roll (out); to
   drive, ride, go
   **rousseur: les taches de
   rousseur** (*fpl*) freckles
un **routier** lorry driver
   **routier, routière: une gare
   routière** bus/coach station;
   une carte routière road map
une **rubrique** (regular)
   feature, article (*in magazine*)
un **ruisseau** stream, brook

le **sable** sand
un **sabot** clog
un **sac** bag;
   sac de couchage
   sleeping bag
   saignant bleeding; rare
   (*steak, etc.*)
   sain: sain et sauf safe
   and sound
   sale dirty
   saler to salt, put salt in/on
   salir to make dirty
une **salle** room; auditorium
   (*cinema, etc.*)
le **salon** lounge, sitting room
   salut! hi (there)!
   sans without
la **santé** health
un **saut** jump;
   **le saut en longueur/
   hauteur** long/high jump
   sauter to jump; to skip
   (*meals*)
   savoir** to know; to
   know how to, be able to
le **savon** soap
   sec, sèche dry;
   en panne sèche out of
   petrol
le **secours** help;
   au secours! help!;
   la roue de secours
   spare wheel
le **seigle** rye
un **séjour** stay
   séjourner to stay

le **sel** salt
   selon according to
une **semaine** week;
   en semaine during the
   week, on weekdays
   sentir** to smell; to feel;
   ça sent bon! that smells
   good!
   serré(e) tight; tightly
   packed together
   **serrer: serrez à droite/
   gauche** keep to the
   right/left
une **serviette** towel; napkin,
   serviette; briefcase
   servir** to serve;
   se servir to serve/help
   oneself;
   sers-toi!/servez-vous!
   help yourself
   seul(e) alone; lonely
   seulement only
un **siècle** century
un **siège** seat;
   siège inclinable
   reclining seat
   simple: un aller simple a
   single (ticket)
   sinon if not, otherwise
le **ski** skiing;
   ski nautique water skiing
la **SNCF (Société Nationale
   des Chemins de Fer
   Français)** French Railways
   soif: avoir soif to be thirsty
   soin: prendre soin de to
   look after, take care of
   sois! be!
   soit that is to say;
   soit…soit…
   either…or…
les **soldes** (*m or fpl*) sales
le **soleil** sun
le **sommeil** sleep;
   avoir sommeil to be
   sleepy
   son: son et lumière
   illuminated spectacle
   with music and sound
   commentary
un **sondage** survey, opinion
   poll
   sonner to ring; to sound;
   ça sonne pas mal!
   sounds good!
une **sortie** way out, exit
   sortir** to go out
un **souci** worry;
   se faire des soucis to be
   anxious
se **soucier de** to care about
une **soucoupe** saucer
   souhaitable desirable

   souhaiter to wish
le **soulagement** relief
un **soulier** shoe
   sourire** to smile
   sous under
le **sous-sol** basement
   **soute: les bagages de
   soute** (*mpl*) luggage in
   the hold, non-hand
   luggage
   souvent often
   soyez! be!
le **sparadrap** sticking
   plaster
un **stade** stadium
un(e) **stagiaire** trainee
un **standard
   (téléphonique)** switchboard
un(e) **standardiste** switchboard
   operator
   stationner to park
un(e) **sténodactylo** shorthand
   typist
la **sténographie** shorthand
le **stop** hitch-hiking
les **stupéfiants** (*mpl*) drugs,
   narcotics
le **sucre** sugar
   suffire to suffice, be
   enough;
   ça suffit! that's enough!
   suite: tout de suite at
   once, immediately;
   et ainsi de suite and so on
   suivre** to follow
le **super(carburant)** high-
   octane petrol
   supporter to tolerate, bear
un **suppositoire** suppository
   supprimer to get rid of
   surcharger to overload;
   to surcharge
   sûreté: — de sûreté
   safety —
   **surfaces: les grandes
   surfaces** (*fpl*) hypermarkets
   surnommé(e) nicknamed
   surtout especially, above all
   surveiller to keep an eye on
   sympa(thique) nice,
   pleasant, friendly, likeable
un **syndic** managing agent
un **syndicat d'initiative**
   tourist office

une **tache** stain, mark;
   **tache de
   rousseur** freckle
   tacher to stain
la **taille** height, size; waist;
   tour de taille waist

measurement
un **tailleur** suit, costume
un **talon** heel
tant so much;
tant de so much, many;
tant pis! never mind! too bad!
un **tapis** carpet
tard late
le **tarif** price list, rates, fares, tariff;
plein-/demi-tarif full/ half price
un **tas** pile, heap;
un tas de lots of
une **tasse** cup;
faire boire la tasse F. to 'duck'
une **teinture** dyeing
tellement so
tenir** to hold;
tenir un restaurant to run a restaurant
un **témoignage** account, evidence
un **témoin** witness
le **temps** time; weather;
à temps in time;
2 temps two-stroke (engine)
un **terrain** plot, piece of land, site;
terrain de foot football pitch;
terrain de camping campsite
la **terre** earth;
par terre on(to) the ground, floor
terrible dreadful, terrible; F. terrific!;
pas terrible F. not very good
une **terrine** terrine (earthenware dish); pâté
la **tête** head
tiède tepid, lukewarm
tiens (*see* **tenir**): **je tiens à**... I very much want to...
un **timbre** stamp
le **tir** shooting;
tir à l'arc archery
tirer to pull; to shoot;
tirer la langue to stick out one's tongue
un **tiroir** drawer
titrant plus de... above (a certain proof)
titre: un titre de transport ticket
tomber to fall;
laisser tomber to drop
la **tonalité** dialling tone
le **tonnerre** thunder

tort: avoir tort to be wrong;
à tort wrongly
une **tortue** tortoise
tôt early
toucher to touch; to draw out (*money*); to cash (*a cheque*)
une **tournée** round (*postman, etc.*); round (*of drinks*); (concert) tour
tourner to turn; to stir; to make (*film*)
tout, toute, tous, toutes all;
tout à l'heure a short while ago, later on;
à tout à l'heure see you later;
tous les deux both of them;
pas du tout not at all
traduire** to translate
train: en train de in the process of
traîner to drag;
laisser traîner to leave lying about
traiter to treat;
traiter quelqu'un d'idiot to call someone an idiot
le **trajet** journey
tranchant: un objet tranchant sharp object
une **tranche** slice;
tranche horaire 'slot' (in timetable)
tranquille quiet, calm;
vins tranquilles still wines
transpirer to perspire, sweat
le **travail** (*pl.* **travaux**) work
travailler to work
traverser to cross
un **trimestre** term
se **tromper** to make a mistake
trop (de) to much
un **trou** hole
troué(e) with a hole (in it)
un **truc** whatsit, thingumajig
un **tube** F. hit song, hit record
tuer to kill
un **tuyau** (*pl.* **tuyaux**) F. tip, piece of advice
la **TVA (taxe sur la valeur ajoutée)** VAT, value-added tax

uni plain;
les Etats-Unis United States
unique: fils/fille/enfant unique only son/ daughter/child

unité: à l'unité individually, singly
usé(e) worn (out)
une **usine** factory
utile useful, handy

les **vacances** (*fpl*) holidays
une **vache** cow
vachement F. damned
la **vaisselle** crockery; washing-up
valable valid
une **valise** suitcase
valeurs: actes et valeurs shares and securities
valoir** to be worth
se **vanter** to boast, brag
vaut (*see* **valoir**): **ça vaut la peine** it's worth the trouble
une **vedette** star; launch
un(e) **veinard(e)** F. lucky blighter, devil
un **vélo** bicycle
un **vélomoteur** small motorbike
le **velours** velvet
venir** to come
un(e) **vendeur, -euse** shop assistant, sales assistant
le **vent** wind;
dans le vent F., trendy, 'with it'
le **ventre** stomach, belly
le **verglas** (black) ice
vérifier to check
le **verre** glass
vers towards;
vers 3 heures at about 3 o'clock
verse: il pleut à verse it's pouring (with rain)
verser to pour
vert(e) green
le **vestiaire** cloakroom
les **vêtements** (*mpl*) clothes
veuillez...! please..., you are requested to...
la **viande** meat
la **vie** life
vieux, vieille old
vif, vive lively, sharp, quick; alive; brilliant (*colour*)
un **vignoble** vineyard
un **vilebrequin** brace (*for drilling*)
une **virée** walk, trip
une **vitrine** (shop) window
vivant(e) alive
vivre** to live
un **vœu** (*pl.* **vœux**) wish

une **voie** track, line, lane;
    la voie publique public
    highway
une **voile** sail;
    un bateau à voile sailing
    boat;
    faire de la voile to go
    sailing
un **voilier** sailing boat, ship
voir** to see
un(e) **voisin(e)** neighbour
une **voiture** car; coach,
    carriage
un **vol** flight; theft, stealing
voler to fly; to steal
volontiers willingly,
    gladly, I'd be glad to
volumineux bulky
vouloir** to want
vrai true, correct, right
vraiment really

y there; **y compris**
    including
les **yeux** (*mpl*) eyes

zut! damn! blast!

Grammar index